Pierre Mabille

Thérèse de Lisieux

DOCUMENTS INÉDITS. — Les photographies et portraits, répandus dans le commerce, reproduisent les traits d'une danseuse qui a posé au Carmel et non ceux de Thérèse que l'on voit ici.

Pierre Mabille

Thérèse de Lisieux

avec un document photographique inédit

suivi de
Eternel voleur des énergies...
par Radovan Ivsic

Contre-Type 2

Le Sagittaire

Il a été tiré de cet ouvrage 30 exemplaires numérotés,
dont 20 numéros de 1 à 20, et 10 Hors-Commerce
numérotés H.C. de I à X, constituant l'édition originale.

Au moment où la guerre menace, où la révolution gronde, il peut paraître surprenant de se pencher sur la vie et le culte de Thérèse Martin, cette jeune Carmélite de Lisieux devenue par l'entremise de l'Eglise et la voix de ses fidèles : sainte Thérèse de l'Enfant-Jésus. Que l'on veuille bien croire qu'il n'y a là aucun divertissement gratuit de ma part.

Au contraire, un travail de cet ordre me paraît se situer au centre de l'actualité et ceci pour deux raisons — la première est que l'histoire de Thérèse est liée aux problèmes de l'amour. Or, quelles que soient les difficultés économiques, les transformations sociales et, en raison même de celles-ci, l'inquiétude de l'homme devant la femme, les possibilités de réaliser son amour sont et demeureront le mobile dominant de toute activité personnelle. A bien y regarder, on s'apercevra que l'individu ne demande aux changements de la société que de pouvoir vivre d'abord naturellement, mais vivre pour être capable de mieux aimer. Toute enquête à ce sujet, tout ce qui peut jeter de la lumière sur les démarches de notre cœur prend donc une importance primordiale.

La seconde raison que je donne en faveur de l'actualité d'une étude sur Thérèse tient à ce que cette sainte marque la dernière étape, la dernière position de l'Eglise catholique.

Or, moins que jamais, l'activité de celle-ci ne saurait être tenue pour négligeable. Les événements d'Espagne, du Portugal, d'Autriche et de bien d'autres lieux doivent ouvrir les yeux volontairement clos sur ce problème. On a trop répété que les faits religieux n'avaient plus de portée sociale, que c'étaient là opinions personnelles sans importance. L'observation la plus superficielle montre le contraire. Partout dans le monde, des courants mystiques se créent : ici pour renforcer le christianisme, ailleurs dans d'autres directions. Les peuples se rangent fanatiquement derrière un homme ou derrière un système idéologique, au point de renoncer à toute liberté de jugement et jusqu'à avilir la dignité humaine.

Dans ces mouvements présents, je vois l'Eglise jouer un rôle considérable. Elle s'avère encore capable, à propos justement de Thérèse de Lisieux, de mobiliser en quelques années des millions de pèlerins, de faire surgir de terre des milliers de sanctuaires.

Voici une singulière réponse à ceux qui considéraient les faits religieux comme définitivement résolus, comme une survivance attardée d'un passé d'obscurantisme à tout jamais dépassé. Nul n'est plus convaincu que je ne le suis de l'importance majeure des conditions de la production et des échanges, et ne souhaite davantage de les voir résolues enfin sur une base rationnelle. Mais on me permettra de constater que ces problèmes religieux ne sont nullement éclaircis par la négation qu'on leur oppose ou par les explications strictement extérieures auxquelles on se réfère généralement. On ne saurait rien comprendre à la situation actuelle des hommes si on ne les fait pas entrer en ligne de compte.

Dans un ouvrage d'ensemble sur ces questions,

à peu près achevé, j'arrive à la conclusion suivante : les heures présentes correspondent au terme de la civilisation occidentale. Celle-ci ne peut être sauvée. Tout au moins, elle ne saurait survivre dans les formes que nous lui connaissons même à prix d'améliorations et d'aménagements importants.

Dans ce travail, je montrerai comment la civilisation européenne est soutenue depuis vingt siècles par le christianisme, quelle est l'œuvre de celui-ci et pourquoi cette base idéologique ne peut plus s'accorder ni avec les formes de nos sociétés ni avec nos besoins humains. Cette conclusion rejoint la pensée de quelques contemporains, en particulier de mon éminent ami Elie Faure. Je ne dissimule pas la gravité de telles affirmations. Qu'on veuille croire que je ne fais pas là œuvre partisane, mais enquête objective, déduction à propos des faits contrôlables. Ceux qui lancent ainsi ces opinions fermes se doivent d'en avoir acquis une certitude intérieure vigoureuse et aussi de pouvoir les étayer sur des preuves tangibles. C'est pourquoi en même temps qu'à la préparation d'un ouvrage général d'exposition doctrinale, j'ai jugé utile de recourir à une démonstration particulière. La figure de Thérèse m'est apparue comme dotée d'une haute signification à cet endroit. Elle nous fournira un exemple concret des résultats humains auxquels peut aboutir la pensée chrétienne, entendue dans son sens le plus traditionnel et jointe aux circonstances de la petite bourgeoisie française.

Cette jeune fille pendant sa courte vie a réalisé le symbole exact de cet alliage, elle l'a fait avec une si grande netteté que l'Eglise a procédé sans attente à une canonisation rapide marquant qu'elle aussi voyait dans la destinée de Thérèse un exemple tout à fait démonstratif. Le court exposé suivant ne tend pas à être une biographie romancée, mais une démonstration exacte amenant à une conclusion positive.

Ces notes seraient incompréhensibles si l'on ne précisait pas tout d'abord ce qu'est la doctrine chrétienne. Je me suis aperçu en effet que l'on n'avait généralement pas une vision bien précise du noyau idéologique profond qui a pu sans grand dommage résister à plus de vingt siècles de mutations sociales, et s'étendre à des peuples nombreux et différents.

Le christianisme a en effet supporté des formes sociales très diverses depuis l'empire romain jusqu'à notre république bourgeoise en passant par la féodalité et par la royauté absolue.

Il y a donc dans cet édifice un centre solide. Celui-ci doit être recherché dans le dualisme. Le christianisme, tel qu'il s'est constitué vers le III° siècle de notre ère, était depuis quelque huit cents ans en préparation. Il est fils des philosophies grecques (aristotéliciennes) et des cosmogonies, phéniciennes, égyptiennes et syriaques.

L'apparition du mythe de Jésus a été en quelque sorte un épisode nécessaire dans ce courant de pensée, une cristallisation sous la forme précise d'un mythe organisé.

Le dualisme considère le monde comme formé de deux domaines opposés, pénétrables, certes, mais toujours bien distincts. Domaine de la matière périssable, limitée, imparfaite, déterminée par la nécessité naturelle d'une part. Domaine de l'âme immatérielle, immortelle, tendant vers l'infini, le parfait et la liberté d'autre part. Ainsi, d'un côté le règne de la nature visible, de l'autre le règne de la divinité, du surnaturel.

Ce dualisme, qui a précédé l'édification de la chrétienté, lui survit dans des philosophies dites laïques ou athées, parfois même matérialistes, qui ne font que prolonger le grand courant idéologique chrétien. Dans le travail plus complet auquel j'ai fait allusion, je montrerai comment il a peu à peu pénétré toutes nos activités, toutes nos connaissances, et jusque dans les savoirs spécialisés. J'indiquerai aussi de quelle façon l'évolution actuelle de la science et de la société tend à le détruire.

Ici j'ai choisi l'exemple de Thérèse comme un cas particulier, apte à faire apparaître les conséquences ultimes et néfastes de cette interprétation du monde dans le domaine de l'amour.

La destinée de cette enfant se situe, ai-je dit, à l'intersection exacte du christianisme et de la petite bourgeoisie. Quel que soit le peu de sympathie que l'on puisse avoir pour cette personne et son activité, elle paraît une si pitoyable victime de l'ordre social et des conceptions religieuses imposées, qu'à ce titre elle a droit à être traitée avec le souci fraternel de la vérité humaine. Je n'userai donc point d'une ironie facile qui, au surplus, ne prouverait rien.

Il serait simple de procéder à l'égard de Thérèse, dont l'évolution est tout entière dessinée dans la pathologie, suivant la piteuse argumentation des auteurs réactionnaires qui, depuis 1900, ne cessent de combattre par exemple un Rousseau, parce que, disent-ils, malade mental et infirme moral. Quand M. Paul Bourget émet pompeusement ce diagnostic, tout porte à l'accuser d'étendre abusivement sa propre infirmité mentale et sa maladie morale sur ses adversaires. Ces procédés dégradants, qui se retournent sans cesse contre ceux qui les emploient, ne seront pas retenus.

La part de la maladie dans l'aventure de Thérèse, je la signalerai, sans y voir une clef, mais une résultante. Elle est un des aspects du problème, et non sa solution ultime. Enfin, dans l'étude de ce cas significatif du drame affectif contemporain, je ne saurais admettre que l'on se délivre des difficultés en s'en tenant à des explications purement extérieures, comme, par exemple, l'incroyable exploitation commerciale dont notre jeune sainte nationale est l'objet. Cette exploitation existe, elle atteint un degré d'intensité inconnu jusqu'à ce jour. Mais cela n'apporte pas de bien grande lumière.

Chacun sait qu'on ne peut monter un mythe comme celui de Thérèse sans une publicité énorme, et habilement dirigée. On n'ignore pas que l'Eglise a depuis des siècles la technique du maniement des peuples et des âmes ; elle s'entend à ce genre de travail, elle sait capter l'opinion et présenter l'événement.

Toutefois, l'expérience de la publicité moderne nous a appris que le lancement le plus adroit s'avère incapable d'une réussite durable, si l'objet qui en est le support ne correspond pas à un besoin inconscient de la masse, besoin qu'il fallait mettre en lumière.

Si des milliers d'êtres se sont tournés vers Thérèse, ont éprouvé le désir d'aller à Lisieux ou de posséder sur leurs murs les effigies de la sainte, la raison en est que la figure ainsi mise à leur disposition correspondait à une inquiétude réelle de leur part. Des femmes et des hommes y ont vu l'expression d'une série d'aspirations qu'ils percevaient plus ou moins nettement en eux.

Et c'est pourquoi parmi les si nombreux exemples que l'on peut étudier de l'immense malaise sentimental contemporain, j'ai fixé mon choix sur Thérèse. L'adhésion du grand public étant un témoignage qu'il y a là un symbole de valeur générale et non une histoire curieuse ou très personnelle à un individu.

Je ferai remarquer à ce propos qu'un être ne devient un mythe que dans la mesure où il incarne des désirs collectifs et des puissances émotives sociales.

Comme je ne saurais trop le répéter, Thérèse est vraiment le symbole d'un christianisme vieilli et pourrissant supporté par une classe bourgeoise qui, elle aussi, atteint au terme de son pouvoir et qui en a la perception inconsciente la plus nette.

Ceci dit, voyons objectivement les faits.

La biographie de Thérèse, si elle consistait uniquement aux récits des événements extérieurs de sa vie, serait fort courte.

Née à Alençon, le 2 janvier 1873, vers 11 h. 1/2 du soir, cette enfant, de santé fragile, est la cadette de cinq filles. Elle perd sa mère lorsqu'elle a 4 ans, elle est élevée par son père. Elle supporte une série de maladies assez graves, et d'emblée fait preuve d'une nature mystique. A la suite de l'entrée de sa sœur aînée au Carmel de Lisieux, elle désire, elle aussi, se faire Carmélite. Elle demande l'autorisation de franchir les grilles du monastère à 15 ans. Elle a beaucoup de difficultés à y parvenir. Pour ce faire, elle se rend à Rome solliciter le Pape. Après maintes démarches, elle arrive enfin à son but : elle est cloîtrée. Au bout de quelques années, elle tombe malade de la tuberculose et meurt à 23 ans, en octobre 1897.

L'Eglise s'empare de sa vie comme d'une destinée miraculeuse et après une procédure d'une rapidité inusitée, Thérèse est béatifiée en 1923 et canonisée le 17 mai 1925. Depuis vingt ans, un culte très fructueux a été organisé à Lisieux, concurrençant celui de la Vierge de Lourdes. Elle est priée comme la plus haute forme de l'amour chrétien.

Telle est, résumée en peu de mots, cette aventure que je vais analyser maintenant avec plus de détails.

Un être vivant est de moins en moins un fait en soi isolé de son ambiance ; il ne nous est compréhensible qu'en fonction du milieu où il a été élevé et de l'hérédité qui l'a formé.

Je veux donc montrer d'abord les conditions héréditaires qui aboutissent à la naissance de Thérèse. Le grand-père était capitaine et chevalier de l'Ordre royal et militaire de Saint-Louis ; après avoir fait plusieurs garnisons, il se fixa à Alençon. Le père, Louis-Joseph-Stanislas Martin, à l'âge de 20 ans, veut se retirer du monde. Il tente d'entrer dans les ordres et se présente au monastère du Grand-Saint-Bernard. Mais la porte lui en reste fermée.

C'est une évolution très fréquente au sein de la bourgeoisie que ce passage de la carrière militaire à la réclusion monastique. A vrai dire, ces deux activités sont très proches, on l'a souvent noté. L'individu cherche dans ces collectivités limitées, soit à se mettre à l'abri d'une société dans laquelle il ne peut lutter, soit à s'assurer contre lui-même, grâce au secours d'un règlement admis une fois pour toutes, indiscutable, rappelé par un habit distinctif et sanctionné par une hiérarchie sévère. Au couvent ou à l'armée, on constate une même renonciation à toute discipline personnelle librement examinée, il en résulte en règle générale une altération de la dignité humaine. Il va sans dire que cet amour de l'ordre à tout prix, cette méconnaissance des besoins de notre personne s'oppose aux progrès de la vie et au développement des forces d'avenir.

Ce n'est jamais un bon signe pour une catégorie sociale de recourir à ce genre de solutions. Je noterai donc au passage ce goût de l'isolement, cette tendance à se retrancher sur soi qui est perceptible dans l'évolution de la famille Martin. Ces pulsions vont atteindre un degré maximum, nous le verrons dans la personne de Thérèse.

Mais revenons à ce Louis-Joseph-Stanislas. Rebuté dans son espoir mystique, le voici rejeté dans le monde profane. Il s'établit d'abord bijoutier, puis fabricant de dentelles à la tête d'une maison prospère. Comme tel, il appartient à cette classe moyenne bourgeoise, si nombreuse en France.

Notre homme habite Alençon, une de ces villes de province où la petite bourgeoisie cléricale et conservatrice possède un climat très favorable à une douce survie. On y est équidistant des chaleurs fiévreuses d'un Midi remuant et des longs courants de violences sourdes du Nord. Ville bien sage, en vérité, où les familles prospèrent sans atteindre jamais la fortune éclatante ni avoir à craindre les retours brutaux de la spéculation. Les fades déjeuners dominicaux précèdent de lentes promenades à pas mesurés le long des cours ombragés.

C'est là que notre bijoutier rencontre la femme de ses jours. Comme elle était bien faite à sa taille, cette Marie-Zélie Guérin ! Elle aussi avait espéré une entrée au couvent, mais seule sa sœur aînée pourra suivre ce chemin ; il lui avait fallu renoncer à son projet. Nos deux religieux manqués, tout en regrettant l'idéal du cloître, unissent leurs destins.

Je n'ai pas sur ces deux personnages de documents morphologiques précis. Quel regret de ne pouvoir les situer avec plus de vigueur, de ne rien savoir de leurs pauvres ébats au milieu des dentelles... Une lettre révèle, paraît-il, que Louis a confié à sa jeune compagne le soir des noces son désir de ne pas pousser plus loin l'aventure et de la regarder « comme une sœur bien-aimée ». Cette attitude d'abstentionniste, si l'on peut dire, ne se prolongera pas, ainsi qu'en témoigne la naissance de neuf enfants.

Si les documents sont peu explicites sur l'évolution sentimentale du couple, une chose cependant semble assurée : la syphilis, une fois de plus, règne sur ce bon ménage chrétien. De neuf enfants, quatre meurent tôt après la naissance. La mère disparaîtra jeune. Le père, ce bon M. Martin, évolue doucement vers une paralysie générale, dans laquelle son intelligence sombrera trois ans avant sa mort. Le diagnostic rétrospectif ne saurait donc être discuté sérieusement.

Je voudrais ici noter le rapprochement logique de la morale chrétienne et de l'extension des maladies vénériennes. Naturellement, si on ne voit dans les maladies que le jeu d'un hasard aveugle, aucune conclusion ne pourrait être tirée de la bonne ou mauvaise santé des individus. Toutefois, une réflexion élémentaire prouve qu'il n'en est rien et que la maladie est la résultante nécessaire d'un certain genre de vie et d'une certaine interprétation du monde. C'est pourquoi j'ai le droit de ne pas considérer et la syphilis et les psychoses que l'on observe dans cette lignée des Martin comme un simple caractère particulier à cette famille sans autre intérêt général. J'ai au contraire le devoir de souligner ce rapprochement d'un état morbide avec les conditions du milieu et spécialement avec la morale chrétienne.

La « négligence » ecclésiastique suit l'affirmation du peu d'importance du corps à l'égard de l'âme immortelle. Elle ne constitue pas pour la masse des fidèles un exemple démonstratif d'hygiène. Les sexes — ces parties honteuses de notre individu — sont aussi défendus au regard qu'à l'eau des ablutions. La doctrine catholique prêche bien la chasteté, mais son commandement se révèle d'une application impossible... Et malheureusement dans ce conflit entre le précepte et la réalité, le tréponème reste insensible à la piété rougissante de nos hypocrites et maladroits éliacins. Pour eux, les coups d'essai, tentés avec économie, se révèlent souvent fructueux en désastres ultérieurs. La confession ne saurait suffire à tout effacer. Et, plus tard, les enfants meurent en bas âge. Ils vont, le foie bourré de spirilles, former le chœur des âmes pures, des anges agréables au Seigneur. Pourquoi lutterait-on pour la santé et pour la vie, quand une mère chrétienne, Mme Martin, célèbre ces abominables morts enfantines et, se réjouissant, écrit : « Quatre de mes enfants sont déjà bien placés [1]. »

La marque d'une hérédo-syphilis active ne saurait nullement suffire à expliquer la formation de Thérèse, je l'ai déjà dit. On devrait la noter, puisqu'elle imprime une trace profonde dans la vie de la sainte. Elle éclaire les maladies de l'enfance ; l'extraordinaire méningite de la puberté. Elle formera un excellent terrain pour l'éclosion

---

1. Cité dans la Préface de l'*Histoire d'une âme.* (Edition du Carmel.)

de la tuberculose pulmonaire aiguë qui entraîne la mort à 23 ans. Il est bien assuré que, sans la corruption profonde de la santé, l'évolution psychologique de Thérèse eût été différente.

Mais on se contenterait facilement, si l'on se tenait pour satisfait, de constater en Thérèse la suite des tendances à l'isolement déjà visibles dans ses ascendants ou même de noter la transmission d'une maladie infectieuse. Quand je parle de l'hérédité, j'entends par là un essai d'explication plus sérieux qui nous est possible maintenant, grâce aux travaux scientifiques modernes. Car s'il nous importe de pouvoir situer un être dans son milieu social comme le voulait Taine et comme l'exige la saine critique dialectique, il nous est également capital de comprendre le sens de cet être par rapport à sa généalogie et à sa descendance. C'est là une grande part des inquiétudes contemporaines ; l'efflorescence de tant de philosophies scientifiques axées sur ce point (transformisme, mutations, etc...) le prouve. En ce qui concerne Thérèse, je veux donc élever le débat et examiner si une destinée comme la sienne ne mérite pas d'être considérée comme l'exemple d'un des grands processus naturels de destruction de l'humanité.

Cette tribu des Martin et des Guérin est éteinte maintenant ou sur le point de l'être (les quatre sœurs de Thérèse étant entrées au Carmel, de même que sa tante et sa cousine).

Or, la façon dont s'éteignent les familles provoque toujours de ma part une vive curiosité. En effet, dès qu'il s'agit d'organismes vivants, la croissance, la multiplication nous semblent conformes à la règle — le phénomène contraire est beaucoup plus surprenant. On comprend bien que des épidémies, des massacres viennent mettre un terme à la prolifération, mais beaucoup plus difficilement que la résorption puisse s'opérer sans cause extérieure décelable. Qu'une civilisation meure, qu'une classe se dissolve peu à peu, que des familles s'éteignent, voilà un sujet d'importance sur lequel il me paraît souhaitable de s'arrêter. Quelquefois ce manque de vitalité se traduit par le célibat, le suicide, ou plus simplement par la stérilité. Peu à peu, la réduction des naissances s'opère, comme dans la bourgeoisie européenne ; puis par stérilité des conjoints, le terme est acquis.

Les anciens, en particulier les sémites, y voyaient une malédiction pesant sur les familles ainsi atteintes, une conséquence de fautes graves à l'égard de la divinité, fautes qui devaient être réparées par voie de sacrifice.

Mais ce phénomène est loin d'être toujours aussi simple, et c'est le cas des Martin, puisque neuf enfants naissent de l'union de Louis et de Marie-Zélie. Quatre, il est vrai, meurent vite et cinq entrent au cloître, ce qui, au point de vue de l'espèce, revient au même. Il y a eu là un sursaut de vitalité marquée par cette polynatalité tout à fait remarquable.

Or, le fait est courant. On l'observe à toutes les échelles du règne animal et végétal. Fréquemment, on voit à la campagne des arbres succombant sous le fardeau d'une énorme floraison, puis de très nombreux fruits. Un paysan averti sait que l'année suivante l'arbre s'acheminera vers la mort. Est-on là en présence de cette loi de physiologie bien connue, à savoir qu'une même cause, une intoxication par exemple, provoque à une dose faible des phénomènes d'exci-

tation et à dose forte une dépression et un arrêt ?
On pourrait dire que la tendance vers l'ordre,
l'isolement, ce goût de la retraite mène le grand-
père à l'armée, puis Louis à des tentatives mystiques avortées, puis enfin chez les filles, à un
mysticisme qui empêche toute continuation de la
vie.

Cependant, si une semblable observation n'est
pas sans valeur, à l'échelle de l'hérédité nous
avons appris dans ces toutes dernières années que
le processus présentait un aspect très spécial.
Comme il s'agit de ce que j'estime être une des
plus captivantes découvertes scientifiques modernes, découverte qui passe encore inaperçue,
je la rappellerai : on sait que les caractères héréditaires se transmettent, non par hasard ou
mystérieusement, mais bien par l'intermédiaire
matériel des chromosomes qui forment le noyau
des cellules sexuelles. Ce sont ces cellules qui,
en se multipliant, bâtissent la descendance. Or,
on a constaté que la mort, jusqu'à maintenant
considérée comme une résultante, un aboutissement et une usure, pouvait elle aussi être trans-
mise réellement comme un quelconque caractère
héréditaire et que cette mort solide, pourrait-on
dire, était contenue dans un gène observable [1].

Ce n'est pas le lieu, ici, de m'étendre sur ce
que des observations de cet ordre peuvent avoir
d'absolument révolutionnaire, sur ce qu'elles
remettent en question toutes les interprétations

---

1. Consulter sur cette question les travaux de Th.
Morgan, de Bridge, de Muller, qui sont résumés dans
un ouvrage récent de Maurice Caullery : *Les conceptions modernes de l'hérédité,* livre qui met enfin ces
problèmes à la portée du public pourvu d'une culture
générale moyenne.

philosophiques et métaphysiques, ni même sur le fait qu'elles imposent un monisme rigoureux.

Je veux seulement souligner que selon toute vraisemblance, on a là la clef de ces faits de natalité exubérante précédant l'extinction des familles ou des races.

La mort, présente dans les cellules sexuelles, agit comme un élément de détermination et d'excitation. L'élan vital luttant une dernière fois contre sa condamnation, n'est plus une image poétique, une représentation romancée. Il est inscrit vraiment dans la forme et le dynamisme des cellules : on notera surtout que le lieu où le combat se livre est la matrice même de la vie : les organes reproducteurs — ceux-là qui engendrent le désir et supportent l'amour.

On comprend alors que, situés à une intersection des tendances contradictoires, arrivés à l'arête tranchante où les forces se balancent, les époux Martin veuillent à la fois l'un et l'autre entrer au cloître et aboutissent à faire neuf enfants. A la génération suivante, le courant destructeur n'étant plus compensé, la vie est définitivement arrêtée. Je dis que le drame de Thérèse ne serait qu'un épisode flottant d'une vaine métaphysique, si l'on n'envisageait pas la réaction biologique de cette fille.

En elle sont les éléments réels de la mort qui, depuis une génération, couvent et se préparent. Ce sont ces forces parfaitement définies qui amènent ce mariage Martin-Guérin où rien ne vient les entraver, mais où, au contraire, elles se renforcent. Elles sont matérialités effectives dans la chair de Thérèse et vont conduire à cette suite de maladies, de pensées dépressives et jusqu'à l'exaltation de la foi chrétienne qui assurera, elle, la terminaison ultime.

Et l'on comprend alors comment, contenant de pareils germes, Thérèse réagisse par l'inquiétude et la recherche de l'amour. Toute l'exaltation sentimentale de cette enfant a la valeur d'une lutte contre sa mort. Il a fallu justement le poids de la croyance chrétienne, l'exemple familial, la règle sociale bourgeoise pour amener la défaite de la vie. Car en Thérèse, la vie échoue. L'espèce est vaincue au profit du mythe.

On aperçoit dans un tel exemple comment la maladie psychique décelable s'intrique avec les conditions de l'ambiance, avec les données de l'idéologie, comment tous ces facteurs se réunissent, ne sont que des aspects différents d'un même tout qui tend soit à la victoire, ou comme ici, à la ruine. Dans le destin de la sainte, rien n'est divergent. Les éléments s'ordonnent, implacables, dans une détermination étroite pour que l'humain soit écrasé. Etrange puissance du déterminisme qui dispose les générateurs en vue du succès ou de l'échec et de l'un après l'autre. Les poètes anciens y voyaient la volonté de divinités célestes opérant par un fatum décidé. Nous la suivons à cette heure non plus dans la nuée incertaine, mais dans la trace perceptible à l'œil et à l'expérience de la matière qui nous forme.

Et c'est parce que nous savons cela maintenant qu'une aventure comme celle de Thérèse, qui eût pu paraître jadis le fait exceptionnel d'un esprit égaré soumis à quelque délire, prend aujourd'hui la valeur d'un terme mis à une évolution collective de toute une espèce, et que nous pouvons y voir sans crainte, un symbole réel de la chute d'une classe sociale et de tout un système de pensée.

La marche de ce déterminisme rigoureux, on aurait tort de croire que seul, après coup, un observateur connaissant l'épilogue puisse le considérer comme tel et en dessiner l'évolution. L'individu lui-même, partie intéressée au drame, le contenant et le vivant, en a la perception. Thérèse, comme tant d'autres êtres voués à une destruction rapide, sait d'emblée que sa durée sera brève. Elle sent le caractère inéluctable de l'implacable mécanisme qui la mène. Faut-il y constater une clairvoyance exceptionnelle ? Non. Chacun de nous règle ses pas sur l'assurance intérieure qu'il a d'une vie longue ou brève. Le fait est constant.

J'ai toujours observé que ceux qui doivent mourir jeunes en ont conscience et agissent en conséquence. Mais beaucoup gémissent ou se révoltent contre l'amer destin. Thérèse est soumise. Elle accepte. Bien plus, elle souhaite d'en finir et en arrive à précipiter autant que possible l'heure du dénouement. Sa carrière est marquée par la hâte et témoigne d'une incontestable précocité.

Mais ce n'est pas seulement sur la durée qu'elle est renseignée. Elle a la conscience de la valeur de son aventure.

Elle sait très vite qu'elle veut être religieuse, devenir une sainte. Et pour y arriver, elle inventera une voie nouvelle : l'exploitation de l'amour. Elle écrit : « Pensant alors que j'étais née pour la gloire et cherchant les moyens d'y parvenir, il me fut révélé intérieurement que ma gloire à moi ne paraîtrait jamais aux regards des mortels, mais qu'elle consisterait à devenir une sainte... » Et ceci non plus n'est pas exceptionnel et ne demande pas que l'on fasse intervenir une clairvoyance spéciale ni une révélation quelconque. Je prétends que chaque être possède cette perception de sa finalité et de son rôle. Mais souvent, nous nous refusons à cette vérité, soit que notre position nous semble insuffisante et que nous préférions recourir à une vanité enfantine et à des espoirs illusoires, soit quelquefois que la certitude où nous sommes de notre valeur nous paraisse mal s'accorder par sa hauteur avec les circonstances momentanées défavorables.

On ne peut douter que notre inconscient ne soit pas averti de l'avenir de notre personne et que nous ne soyons tous, quoique à des degrés différents, des voyants. Nul n'est, au fond, tellement surpris, qu'il le dit, des changements survenus dans le cours de son existence. A bien regarder, on voit que ceux-ci, dont on parle comme d'accidents et de hasards, avaient été en nous mûrement attendus, prémédités et soigneusement préparés. L'homme, dans la mesure où il atteint la conscience, sait exactement son rôle et sa place.

Quelquefois, c'est une certitude intérieure inébranlable, comme celle de Cézanne déclarant à l'amusement des siens qu'il est le plus grand peintre de l'époque. D'autres fois, l'inconscient a recours au subterfuge des extra-lucides rencontrées par hasard ; tel Bonaparte averti de sa future gloire, de même qu'Alexandre et tant d'autres.

Pourquoi s'étonnerait-on de ces faits et les

mettrait-on sur le compte de quelques mystérieux pouvoir, quand on sait que l'avenir est gravé dans la matière même de nos cellules ?

Quoi qu'il en soit, voici Thérèse, dernier maillon de la famille Martin, en connaissance de sa courte destinée et de son rôle futur de sainte et de glorieuse sainte.

Une semblable hérédité n'a pu se perpétrer qu'en raison des circonstances mêmes dans lesquelles elle a été tracée. Le fil de cette lignée s'est trouvé moulé dans un terrible laminoir dont les deux parties furent la condition bourgeoise et l'enseignement chrétien.

C'est maintenant sur ces conditions du milieu qu'il nous faut projeter quelque lumière.

LE MILIEU

Je commencerai par les dogmes chrétiens. Elevée au sein d'une famille catholique pratiquante, qu'entend cette petite fille, quelle interprétation du monde lui est proposée ? Celle même de l'Eglise : l'univers est double. Ici la terre, vallée de larmes, où tout est mauvais. « La vie terrestre est courte et remplie de misère », s'exclame Mme Martin. C'est une épreuve à subir. Le corps, support fragile d'une âme impérissable, est la source de nos maux : il enfante le désir, les détestables convoitises. Heureusement, un autre domaine existe : le monde céleste. La mort nous y donne accès et nous ouvre les portes de cette vie future, seule véritable, seule durable et souhaitable. Les joies de la terre ne sont rien ; plus même, ce sont des pièges sataniques. L'Homme ne peut rien espérer ici-bas que souffrir. Sa douleur consentie humblement, acceptée sans révolte, avec reconnaissance et piété, lui sera un titre à une récompense ultérieure. Dans ce royaume surnaturel trône Jésus, l'homme-Dieu, être parfait, sans tache, modèle de beauté, puissance éternelle et illimitée. Lui seul, par l'effet de sa grâce purement gratuite, gracieusement accordée, peut nous faire accéder au bonheur posthume. Lui seul peut lever la condamnation éternelle qui pèse sur nous en raison de notre indignité, admise une fois pour toutes.

Voilà bien cette interprétation foncièrement dualiste, avec, la complétant, un choix très précis. Condamnation du monde réel. Valorisation illimitée des objectifs mythiques. Seuls, ceux-ci sont en fin de compte tenus comme la réalité.

Cependant, le point de vue catholique a varié à partir de cette base indestructible. De siècle en siècle, il a fait preuve d'une grande plasticité.

A l'époque où Thérèse est initiée ainsi aux dogmes et aux pratiques du christianisme, c'est-à-dire vers 1880, il convient de se rappeler la position de l'Eglise.

Nous ne sommes plus, comme dix siècles auparavant, à l'âge de la chrétienté triomphante, époque où elle était fermement installée, dominant les pouvoirs civils qui n'étaient que les bras séculiers d'un grand corps social idéologiquement unifié. A la fin du XIXe siècle, la puissance effective n'est plus assurée avec certitude. Malgré que la république bourgeoise, qui vient d'étouffer dans le sang la révolte populaire de la Commune, soit entièrement entre les mains des Jésuites et du clergé, nous sommes sous l' « Ordre Moral », ne l'oublions pas, le pouvoir civil ne s'exerce plus au nom du Christ, mais en vertu de la souveraineté nationale.

Le monde réel des hommes, dans la mesure où le prêtre ne peut le diriger complètement, lui apparaît comme encore plus misérable si possible.

Du moment que la partie terrestre n'est pas entre ses mains, l'Eglise tient à valoriser davantage les rêves de l'au-delà car tel est son domaine propre. De sa défaite partielle sur le plan politique, elle tire des motifs de développer dans la masse de ses fidèles un pessimisme de plus en plus noir [1].

Dans les écrits de Thérèse, on ne saurait trouver une seule page où les choses, les êtres ne soient abaissés, condamnés pour pouvoir exalter la béatitude céleste et les rêves d'après la mort. Non seulement le monde extérieur est ainsi vilipendé mais encore tout le domaine de l'intelligence, du savoir, de la connaissance se trouve honni.

En effet, l'âge est révolu où le clergé était le seul dispensateur de la science, où les textes sacrés étaient les uniques sources de la lumière.

---

1. Il est clair que le dualisme chrétien a été surtout marqué dans la première période de développement de l'Eglise et dans l'époque contemporaine. C'est-à-dire avant que l'Eglise ne se soit rendue maîtresse du pouvoir et maintenant après qu'elle l'a perdu. Durant les quelques siècles où elle contrôlait effectivement le monde réel, la tactique élémentaire l'a obligée à ne pas trop noircir le tableau de la réalité dont elle était responsable. Ce furent les quelques cinq cents années du IXe au XVe âge pendant lesquelles le rêve surnaturel codifié coïncidait avec la vie des hommes et leur expression artistique. Dans ces siècles l'accord entre la doctrine et la réalité a pu s'établir, d'où les cathédrales et autres manifestations de la foi satisfaite.

L'Université ayant rompu les chaînes théologiques, la science ayant vaincu les bûchers et les persécutions, voilà que la pensée chrétienne a dû abandonner ses prétentions à l'explication du monde. Dès lors elle méprise le savoir positif, la recherche active et objective.

Vers la fin du XIXe siècle, ce divorce est définitivement consommé. L'intelligence et la foi sont deux domaines sans contact, qui, dit-on, ne doivent pas empiéter l'un sur l'autre parce qu'ils procèdent de disciplines différentes. Toujours le plan naturel et le plan surnaturel. Une semblable position peut être reconnue dans l'évolution de Thérèse.

Nulle part dans son épopée, il ne sera question de percer à l'aide de la doctrine les mystères comme l'essayèrent saint Thomas d'Aquin, Albert le Grand, saint Augustin et tant d'autres des siècles antérieurs. La foi chrétienne s'adresse maintenant au cœur. Elle se fait amour, se localise dans la sphère affective. Elle n'essaye plus de prouver ni par le raisonnement, ni par l'exégèse, elle veut toucher. Elle hypertrophie donc volontairement chez l'individu toutes les facultés de rêves et d'imagination, toutes nos tendances sentimentales, en les codifiant et en les enfermant dans des représentations mythiques définies [1].

____

1. Ce dédain du savoir, de la connaissance effective est une des caractéristiques de l'attitude fidéiste moderne. Les exemples cités par l'Eglise à l'admiration des fidèles qui étaient, il y a cinq siècles encore, ceux des docteurs, de ces hautes et prestigieuses intelligences, véritable élite humaine, tendent maintenant vers la pauvreté d'esprit, la débilité mentale pure et simple. Thérèse est à cet égard très démonstrative. Qu'on veuille apercevoir le chemin parcouru entre Thérèse d'Avila et celle de Lisieux.

Ainsi donc par la doctrine catholique qui lui est inculquée et par suite des positions tactiques de l'Eglise, Thérèse va se trouver engagée dans l'exaltation de la foi. Exaltation à forme d'amour (contact par le cœur avec Jésus) sans lien ni avec un savoir rationnel, ni avec une activité sociale efficiente (elle dira elle-même que peu importe les œuvres en regard de l'amour). Voilà d'une part le contenu dogmatique reçu par l'enfant. Il ne diffère pas considérablement de celui que recevait tout jeune catholique de cette époque ni de celui qu'on donne de nos jours.

Généralement la puissance de l'instinct de conservation, la nécessité d'une lutte active pour subsister, le contact social avec les autres hommes viennent tempérer la portée de ces affirmations destructrices. La réalité intervient comme un actif correcteur du mysticisme chrétien. Pour Thérèse, les conditions du milieu empêchent de retrouver l'équilibre.

C'est ici le moment de montrer comment la nécessité quotidienne opère cette correction de l'idéalisme chrétien.

Dans le peuple, le besoin urgent et tenace d'assurer le pain du lendemain par une lutte difficile contre les éléments oblige les individus à se tenir à l'intérieur du monde réel. Mais toutes les injustices, tous les effroyables assauts de la misère, de la maladie sont bien faits pour confirmer l'interprétation chrétienne de la « Vallée des larmes ». Et comme, malgré tant de travail stérile la vie demeure aussi laborieuse, l'exploité aime à croire à la possibilité d'un avenir mal défini certes, mais affirmé si péremptoirement où il sera l'égal de son oppresseur ; il veut aspirer à cette heureuse époque où il pourra lui aussi se reposer.

Toutefois, et c'est là où le cercle infernal se dessine, cette espérance ne lui est assurée que dans la mesure où il accepte bien sagement son malheur présent, où il ne se révolte pas pour améliorer son sort. Sa peine, étant le moyen du progrès moral, doit être supportée avec bonne humeur. Ainsi la condition du peuple lui fait plus durement ressentir le dualisme catholique.

En ce qui concerne la bourgeoisie, il n'en va pas de même, la foi chrétienne lui sert de justification et d'arme de conquête et de conservation sociale. Pourquoi donnerait-elle du repos aux travailleurs qui auront le ciel pour jouir de la béatitude ? Pourquoi augmenter un salaire puisque la joie céleste compensera largement ces petites misères ? Le bourgeois pieux, installé dans son confort, dans une aimable oisiveté, profite de l'argent acquis aux dépens du travailleur pour faire dire des messes, pour des offrandes qui lui assureront un repos éternel délicieux. Il gagne ainsi sur les deux tableaux. Toutefois, si l'homme d'affaire, si le propriétaire âpre au gain, très près de ses intérêts matériels, ont bien conscience des réalités humaines, une partie de la bourgeoisie qui n'est pas soumise à cette lutte quotidienne a tendance aux spéculations gratuites. Tel est le cas de Thérèse. Dans sa famille aisée, on ne manque de rien. Elle n'a et n'aura jamais à assurer son pain.

Pendant son enfance, le seul travail effectif consiste en quelques devoirs élémentaires. Comment pourrait-elle savoir que la vie réelle des hommes n'est pas illusoire ? Elle est mûre pour axer toute son activité personnelle sur la conquête des biens de l'Au-delà. Et voilà comment une cohorte de bourgeois qui n'ont pas de contacts nécessaires avec la vie se dirigent résolument vers les mythes, objets plus mystérieux et plus attirants que les réalités qu'ils ne se donnent pas la peine de connaître. Que l'on ne dise pas que cette critique est gratuite, simplifiée à l'extrême pour les besoins de la cause. Lisons Thérèse :

« Je n'étais pas habituée à me servir. Céline faisait notre chambre et moi je ne m'occupais d'aucun travail du ménage. Il m'arrivait quelquefois, pour faire plaisir au bon Dieu, de faire le lit, ou bien, le soir, d'aller en l'absence de Céline rentrer ses boutures et ses pots de fleurs. Comme je l'ai dit, c'était pour le bon Dieu tout seul que je faisais ces choses. »

Par ailleurs, ses vacances se passent dans des châteaux. En voyage, on descend dans des hôtels princiers. Telle est bien l'éducation bourgeoise typique de cette époque tranquille, où le trois pour cent n'était soumis à aucune sérieuse fluctuation. Du confort, une petite routine journalière, aucun travail effectif. Les regards sont tournés vers le ciel, jamais vers le sort douloureux des hommes, qui se débattent pour survivre au prix d'une lutte héroïque. Il ne faudrait pas croire que cet esprit bourgeois de 1880 soit disparu de nos jours et qu'ainsi l'exemple de Thérèse ne soit plus qu'un témoignage historique d'un passé révolu. Cet esprit, ces mœurs, cette notion de caste étroite se continuent en province et même dans les centres urbains. Pour quelques bourgeois qui se sont libérés, la majeure partie demeure semblable à la famille Martin.

Ceci posé, revenons à Thérèse ; n'étant pas astreinte au travail, elle n'éprouve pas d'attrait pour le jeu. Il faudrait faire preuve d'une vitalité qu'elle ne possède pas. « Ne sachant pas jouer comme les autres enfants — dira-t-elle à l'époque où elle fréquente la classe — je ne me sentais pas une compagne agréable. Cependant, je faisais de mon mieux pour les imiter sans jamais y parvenir. »

Ainsi, c'est à l'esprit de classe et même de caste qui domine dans le milieu provincial où Thérèse grandit, c'est à la mentalité petite-bourgeoise que nous devons attribuer une des grandes responsabilités dans la formation du caractère de la sainte. L'équation que j'ai établie : Thérèse = idéologie catholique jointe à l'action du milieu bourgeois, s'affirme de plus en plus. L'être est d'abord séparé par le fait de sa condition. Puis l'individu étant ainsi isolé, il trouve dans le dogme l'exutoire de mythes précis proposés à son adoration.

On pourrait étendre à l'infini cette description de ces gens « convenables » de province, dessiner leur laideur caricaturale, leur ennui, leur manque de vitalité, leur prétention à la supériorité, leur joie d'être respectés et d'établir des différences entre eux et le peuple. Tant d'auteurs ont fourni sur ces points des notes qui paraissent définitives que je n'ose insister. Qu'on se souvienne seulement de l'histoire du jeune Anatole France, fils de la petite bourgeoisie parisienne, qui aperçoit de sa fenêtre avec envie l'enfant du peuple déguenillé déambulant dans la rue. Il ne peut descendre jouer avec lui ; un contact de cet ordre étant tenu pour déshonorant et dangereux. Il se hasarde timidement à lui lancer une ficelle, comme à un chien ou à un chat. C'est un parmi des milliers de témoignages de l'attitude sociale bourgeoise à la fin du XIXe siècle et qui, je le répète, demeure actuelle. Thérèse à Alençon n'a même pas de ces tentations ; elle est murée dans une famille très étroite, très fermée. Aucune influence extérieure ne peut l'atteindre ; on ne la mène en classe qu'assez tard et encore dans une école religieuse. Pendant plusieurs années, elle ne voit que ses parents et ses sœurs. Les quelques amis rencontrés sont semblables à son père et à sa mère. Ce sont des catholiques étriqués que l'on retrouve pour aller chanter des cantiques à l'église.

L'église est d'ailleurs le but principal des promenades, elle est le lieu de réunion, de distraction, l'endroit où l'enfant se sent vivre avec un peu plus d'intensité que chez elle. Dans ce milieu morne, s'emprisonnant lui-même où, après la partie de damier, Pauline lisait *l'Année liturgique*, seules les fêtes religieuses, les cérémonies fastueuses du culte émerveillent l'imagination. Au sortir de l'une de ces fêtes, elle note : « Je pensais que le lendemain il faudrait recommencer la vie, travailler, apprendre des leçons, et mon cœur sentait l'exil de la terre ; je soupirais après le repos du ciel, le dimanche sans couchant de la vraie patrie. »

Ainsi, ce jeune être, à l'âge où normalement on est attiré par le mouvement, se détourne déjà de la lutte positive et trouve dans le culte chrétien des raisons pour développer ce goût.

Telle est l'effroyable atmosphère débilitante, ouatée, enfermée, sans aération, où se développèrent les filles Martin. De la vie extérieure, nul reflet. Quelquefois des pauvres viennent se profiler dans le fond du décor. Un ivrogne que M. Martin reconduit chez lui en le sermonnant aimablement.

C'est encore au sortir de l'église, un jour, au tournant d'une rue, la rencontre de Thérèse et d'un vieillard infirme. Pour plaire à Dieu et augmenter son prestige intérieur, elle fait l'aumône. Mais l'homme, dans un sursaut de dignité, la refuse. L'enfant ne comprend pas. Les pauvres, ceux que la bourgeoisie a progressivement dépouillés et amenés à un degré ultime de misère, apparaissent à ces bons catholiques comme des personnages d'opéra-comique. Figurants décharnés et en lambeaux, leur rôle n'est-il pas de permettre aux bien-pensants de témoigner publiquement d'une générosité évangélique et de gagner ainsi des indulgences et des titres à la considération générale ?

Thérèse n'a pas un mot de révolte à l'égard de la condition où se trouve placé un être humain, elle ne demande aucune explication. Elle n'ajoute que ceci : « Je prierai pour *mon* pauvre le jour de ma première Communion. » Je ne dirai rien de plus à ce sujet. Les écrits de la sainte contiennent trente pages d'anecdotes semblables, où la férocité bourgeoise se trouve entortillée derrière l'enfantillage, la niaiserie, et que l'Eglise, fière sans doute de tels exploits, propose comme exemples sanctifiants à l'admiration de ses fidèles.

Quand Thérèse passera de sa famille au cloître, elle n'aura pas à subir, en définitive, un bien grand changement de milieu social. Elle n'aura fait que progresser dans son isolement. J'insisterai plus loin sur ce que cette condition a développé les tendances schizoïdes qui deviendront prépondérantes dans son attitude.

Ayant ainsi marqué la filiation héréditaire de cette jeune personne, l'ayant située avec vérité sans aucune exagération au sein de son milieu familial tout imprégné d'un catholicisme militant, je dois maintenant essayer de pénétrer dans l'évolution psychologique de Thérèse.

LES COMPLEXES FAMILIAUX

Nous avons pour procéder à cette étude non des documents de seconde main, sujets à caution, mais les écrits mêmes de la Carmélite et publiés sous le titre de *Histoire d'une âme*. J'y ai déjà puisé maintes citations. Le témoignage est assez authentique. Il n'est que peu tronqué, ne semble pas avoir subi de déformations trop graves. Il est le fruit des méditations au Carmel.

Je préfère de telles notes, malgré le côté composition française édifiante, bien que, souvent, ce ne soit qu'une faible dilution du catéchisme élémentaire, à l'œuvre d'un romancier. Certains passages éclairent le développement des conflits intérieurs de l'enfant. On peut ainsi entrer avec quelque certitude dans l'intimité de la famille Martin et étudier l'évolution de Thérèse dans ses premières années.

En règle générale, l'enfant s'insurge contre sa famille et tend à s'opposer à elle avec plus ou moins de vigueur. La formation de sa personnalité est à ce prix. Parfois, la révolte est aiguë chez les natures vigoureuses ; d'autres fois, elle est latente, hypocrite, souterraine. Cette réaction n'est jamais simple, en raison des liens affectifs créés entre parents et enfants. Elle prend un aspect différent suivant le sexe. La fille se rapproche du père et manifeste son hostilité vis-à-vis de la mère. Le garçon possède des sentiments inverses qui le lient à sa mère. Des attractions d'un autre ordre, de mère à fille, de fils à père peuvent être observées. Elles annoncent alors des penchants homosexuels dominants.

A ce point de vue, Thérèse se manifeste normalement. A l'égard de sa mère, on ne peut signaler qu'un passage démonstratif tiré d'une lettre de cette femme : « Le bébé est un lutin sans pareil qui vient me caresser en me souhaitant la mort. » « Oh ! que je voudrais bien que tu mourrais, ma pauvre petite mère ! » Naturellement, Thérèse explique, après coup, que c'était une preuve d'affection, et qu'elle souhaitait voir bientôt sa mère rejoindre le ciel bienheureux. La psychanalyse sait ce qu'il faut en penser !

D'ailleurs, ce désir ne tarda pas à être exaucé. La mère meurt quand Thérèse a quatre ans et huit mois. Cette perte ne lui « tire aucune larme », signale-t-elle, mais modifie son caractère. « Moi si vive, si expansive, je devins timide et douce à l'excès. » Elle précise donc, comme dans une puberté sentimentale très précoce, sa féminité naissante.

Une de ses sœurs tient alors dans son cœur le rôle d'une nouvelle mère. C'est Pauline qui la précédera au Carmel. L'enfant semble s'être profondément attachée à elle et, lorsque Pauline entre dans les Ordres, elle témoigne d'un profond désespoir. « Je me demandais comment le soleil pouvait encore luire sur la terre. »

La séparation d'avec Pauline provoque un choc émotif profond qui la rend physiquement malade.

Vis-à-vis de ses autres sœurs, Thérèse est la cadette choyée et protégée. Cette condition développe, en elle, un caractère autoritaire et une volonté de domination. Mais aussi cet état de choses lui fournit le besoin d'une atmosphère attendrie. Elle écrit : « Ah ! j'avais un réel besoin de ces gâteries, il était bien utile à la petite fleur de plonger souvent ses tendres racines dans la terre aimée et choisie de la famille, puisqu'elle ne trouvait *nulle part ailleurs le suc nécessaire à sa subsistance.* » L'impossibilité de s'adapter à une vie sociale active, le désir de rester unie à ses sœurs, l'orientent tout naturellement vers le cloître.

Si Pauline a remplacé la mère, une autre sœur, Céline, joue un tout autre rôle dans le développement de ses élans affectifs. Céline occupe la place d'un frère. Aux yeux de Thérèse, elle est forte, vigoureuse et active ; leurs rapports sont très étroits. Thérèse raconte qu'elle se souvient d'avoir répondu à la bonne qui les trouvait couchées dans le même lit : « Laissez-moi, ma pauvre Louise, vous voyez bien que nous deux on est comme les petites poules blanches, on ne peut nous séparer. »

Céline demeure dans la vie profane bien après l'entrée de Thérèse au Carmel. Celle-ci témoigne alors d'une jalousie très précise. « Ah ! que j'ai souffert en la sachant exposée dans le monde à des dangers qui m'avaient été inconnus... un certain jour qu'elle devait aller dans une réunion mondaine, je versai un torrent de larmes, suppliant Notre-Seigneur de l'empêcher de danser... » Puis, quelque temps après, elle fait des neuvaines pour l'attirer au Carmel et ne retrouve son calme qu'après y avoir réussi, grâce à une longue et ardente concentration.

Cette cause de trouble supprimée, elle peut écrire : « Maintenant, je n'ai plus aucun désir, si ce n'est d'aimer Jésus à la folie. » Dans ce

complexe amoureux entre sœurs qui demeure
naturellement inconscient, Thérèse joue le rôle
féminin et Céline celui de l'homme.

DU PÈRE A L'ÉPOUX MYSTIQUE

Cet épisode n'atteint pas, à vrai dire, une très
grande violence ; ceci excepté, la pièce majeure
de l'échiquier affectif familial est constituée par
la passion de Thérèse pour son père. Cet amour
est partagé. M. Martin entoure spécialement sa
fille cadette. Elle est « sa Reine chérie », son
« rayon de soleil ».

Lui, est son « Roi bien-aimé ». — « Non, je
ne saurais dire combien je l'aimais ! Tout en lui
me causait de l'admiration », indique-t-elle. Ce
terme de « Roi chéri », elle l'applique à son père,
mais, simultanément, à Jésus, son époux mystique. La mort de sa mère ne fera que renforcer
l'attachement qu'elle témoigne pour son père. Ce
sentiment, par son intensité, détermine la destinée de Thérèse.

A observer l'évolution sentimentale des individus, on constate que tout se passe comme si la
puissance d'amour restait limitée à un être
donné. La fille qui aime son père avec passion
pourra bien difficilement transférer plus tard son
sentiment sur un autre homme. Mais, sauf cas
exceptionnel, un tel amour de fille à père ne
peut se concrétiser, il reste inconscient et se
cache sous divers masques. L'impossibilité, en
raison de la morale, des lois, de réaliser le désir,
force celui-ci à se sublimer dans une représenta-

tion masculine idéalisée. Parmi les êtres qui, successivement, s'approcheront d'elle, une femme ainsi marquée recherchera donc, sans en avoir conscience, l'image de l'amour paternel illicite. De cette poursuite vaine, un mécontentement permanent résultera, entraînant une longue série de difficultés sentimentales. L'exemple de Thérèse est typique à cet égard. Son attraction pour son père l'amène à rêver d'un époux idéal qui ne peut être rencontré dans la société si réduite qui l'entoure. Elle est conduite à se le représenter sous les traits du Christ.

Vis-à-vis de ce mari céleste, elle conservera ses habitudes de petit enfant choyé. Elle veut être un jouet, un pauvre objet de délassement pour Jésus. Le Pape Pie XI ne s'y est pas trompé. Il dit, en parlant du mariage mystique de Thérèse et de Jésus : « Cet abandon amoureux, c'est bien celui de l'enfant dans les bras de son père. »

Si l'on suit avec attention la destinée du célibataire, on constatera que l'impossibilité où il se trouve de se marier ou de demeurer uni n'a d'autre explication, en général, qu'un complexe amour entre parents et enfants, complexe très puissant, que l'individu n'a pas su résoudre et détruire en lui-même. La conduite de ces êtres demeurés attachés plus qu'il est normal à leurs parents prend toujours un caractère douteux. La mort seule intervient comme possibilité de rupture. L'explication par une grande tendresse filiale a bon dos. Elle est hypocrisie de la conscience, comédie que l'on joue à soi-même et aux autres. Lorsque l'individu est imprégné plus profondément de la doctrine chrétienne, c'est-à-dire quand son inconscient travaille sur un système de symboles et de mythes précis fournis par la religion, le célibat conduit logiquement à la vie monastique.

L'entrée au cloître n'a souvent pas d'autre mobile que de se protéger contre des rencontres qui pourraient venir troubler le complexe primordial. D'une part, il y a substitution d'un amour irréalisable en un amour abstrait, plus général, situé en plein rêve. D'autre part, l'être ainsi retranché défend avec vigueur son secret vis-à-vis des entraînements du monde qu'il ne se juge pas en mesure d'affronter sans péril.

Ainsi, on passe de l'amour du père à celui de Jésus ; de l'amour de la mère à celui de la Vierge Marie. Cette transition continue entre le complexe d'Œdipe et la voie mystique est trop évidente pour qu'il soit utile d'insister davantage. On n'a qu'à se rappeler la multitude des faits décrits par tant d'auteurs ou que l'on a été à même d'observer personnellement. Ils sont éclatants et d'interprétation facile.

D'ailleurs, le jeu ne reste pas unilatéral. A l'amour de sa fille, le père répond par une jalousie tournée contre les mâles qui chercheraient à lui ravir l'objet de sa tendresse. La haine des beaux-parents pour l'époux est constante. Elle fait partie des lieux communs. Aussi, lorsque le père est adroit, il facilite à son enfant la sublimation d'un désir qu'il perçoit inconsciemment. Il encourage et favorise le mysticisme. La religion, a-t-on dit, est une assurance pour la vertu des filles. Elle est souvent considérée comme telle, avec un intérêt passionnel très vif de la part des parents.

Louis-Joseph-Stanislas Martin, notre dentellier d'Alençon, demeuré veuf, voit d'un bon œil l'entrée au couvent de ses cinq filles. Il les amène gaiement à l'inoffensif époux céleste. Il sent trop bien qu'en se vouant au Christ, elles ne se détourneront pas de lui, premier objectif amoureux, et qu'elles lui garderont leur cœur.

Il nous apparaîtra donc très clairement que le mécanisme psychologique qui domine le drame intérieur de Thérèse, s'inscrit dans les limites étroites de sa famille. Elle seule, peut-être, parmi les catholiques, est arrivée à relier les commandements contradictoires de l'Eglise. Celle-ci invite, en effet, à aimer son père et sa mère et, en même temps, fait dire à Jésus : « Tu quitteras ton père et ta mère pour me suivre. » Ici, la solution est simple à l'extrême : toute la tribu des filles Martin entrera au cloître ! On transporte la famille au Carmel et on substitue au père réel l'image d'un père idéal, éternel qui, de plus, tiendra le rôle d'époux. Cette réussite assez surprenante est perçue par notre héroïne quand elle s'écrie : « Je crois jouir enfin, pour toujours, de la vraie, de l'éternelle vie de famille. »

Cette observation explique le succès prodigieux de Thérèse au sein des familles chrétiennes. Généralement, les saintes et les saints marquent une individualité très prononcée. Ils témoignent d'une grande indépendance et, pour se joindre à Dieu, abandonnent les leurs avec plus ou moins de fracas. Ici, rien de tel. La démarche de notre jeune Carmélite se fait en accord avec ses sœurs, et avec ses parents eux-mêmes. Il n'y a donc pas épopée individuelle, mais familiale.

Nous touchons là l'un des côtés les plus importants de l'inquiétude actuelle. Celle-ci, ai-je dit, et je me réserve d'y insister plus loin avec détail, tient aux conditions faites à l'amour humain. Ces conditions tant sociales qu'intérieures à notre esprit, rend celui-ci pratiquement impossible. On commence à sentir l'absolue nécessité de transformer l'homme et la femme et de changer leurs rapports. Or, la psychanalyse montre que l'orientation affective future de nos êtres résulte de la liaison des premiers conflits sentimentaux entre l'enfant et ses parents. Dès lors, modifier la forme de l'amour ne peut se concevoir que consécutivement à une mutation foncière de la vie familiale.

Comme je viens de le montrer, l'Eglise a établi son empire sur l'exploitation et la sublimation de ces complexes enfantins. Elle ne peut donc accepter de voir transformer le noyau de la famille. Si celui-ci vient à être changé, tout l'édifice catholique s'écroule aussitôt. Pour cette raison, la politique officielle ou occulte du clergé tendra à le défendre à tout prix.

L'Eglise ne se refuse à aucune évolution de l'Etat. Elle n'est pas attachée à l'idée nationale. Elle accepte même que des évolutions ou révolutions changent les rapports sociaux. Ceci, elle ne le préconise pas, on s'en doute, elle s'y adaptera néanmoins. Mais elle ne peut accéder à aucune transaction sur la conception de la famille telle que celle-ci s'est constituée au cours des vingt siècles de la civilisation chrétienne. Inversement, nul ne peut se dire révolutionnaire, et j'emploie ce mot dans son sens pur, non pas l'affilié d'un parti politique, mais celui qui veut réellement la transformation des hommes ; nul ne peut vouloir un changement véritable, s'il n'affirme pas une volonté formelle de briser ce noyau initial du groupe social pour le placer sur d'autres bases.

Le Christ et la Vierge étant la sublimation d'un père et d'une mère théoriques et idéalisés, avec tout ce que comporte un tel refoulement, la doctrine catholique ne peut être dépassée que par la transgression de nos conceptions du *pater familias* et de la matrone romaine. Ceux qui doutent de l'existence réelle d'une unité de civilisation chrétienne, ceux qui sont attachés exclusivement à la notion des formes sociales de production (féodalité, capitalisme, etc.), feront bien d'observer que, sur ce point fondamental de la famille, nulle transformation importante n'a eu lieu depuis vingt siècles. Le code napoléonien consacre les mêmes règles en ce domaine que le droit romain tel qu'il a été transmis et adapté par l'Eglise. La servitude de la femme et de l'enfant, le statut personnel de l'individu au sein de la famille restent identiques. Voilà qui entraîne à peu de choses près les mêmes résultats psychologiques et la création de complexes semblables.

Telles sont les réflexions générales que peut suggérer l'histoire de Thérèse Martin développant son être sensible au sein de sa famille. Nous commençons par la perception des rapports affectifs avec ses parents à tenir un peu mieux la trame de son évolution. Le souci de la vérité m'engage cependant à ouvrir une parenthèse. Je viens d'indiquer que l'amour qu'elle témoigne pour Jésus peut être envisagé comme la suite nécessaire, la transposition logique de son amour pour son père. Quelques corrections de détails doivent être apportées.

L'ÉPOUX-ENFANT

Un des traits caractéristiques de notre vie affective consiste dans le fait que nos représentations y sont difficilement pures. Je m'explique : dans le domaine de l'intelligence, le principe d'identité est un élément fondamental. Quand je pense à un objet, je considère qu'il est bien entendu que celui-ci d'un bout à l'autre du raisonnement demeurera le même, chargé d'un sens unique.

La raison, avec son appareil de jugement, n'opère que sur des images stables et indéformables. La réussite est à ce prix. Dès que l'on passe au règne de l'inconscient, dans le jeu sentimental, parmi les refoulements, les transpositions si nombreuses que nous engendrons, cette identité n'est plus rigoureuse.

Une image, un symbole peuvent être chargés tour à tour de sens différents et cela en même temps ou successivement. Pour la femme qui aime, l'objet désiré peut prendre à la fois la valeur d'un mâle, d'un père, mais aussi de l'enfant qu'elle portera dans son ventre.

Voici Thérèse, j'ai montré comment elle voyait dans le Christ un époux mystique, j'ai dit qu'en cela, elle ne faisait que reporter sur l'image du mythe la suite d'un amour violent pour son père. A lire ses écrits, on constate que parfois aussi Jésus devient pour elle un enfant virtuel. Elle songe à l'enfant Jésus, se donne à lui, veut être une petite chose, une « balle de nulle valeur », dit-elle, entre ses doigts. Elle rêve à des jeux communs d'ailleurs fort scabreux. Un mot est très caractéristique de cette acceptation de l'époux-enfant. Pendant l'épidémie d'influenza qui décime le Carmel, elle doit s'occuper du service de l'autel et elle écrira qu'elle est suprêmement ravie de pouvoir préparer « les petits langes destinés à recevoir Jésus ». De fiancée mystique, elle se sent un peu devenue la mère.

Cette altération du symbole de l'époux en enfant est en quelque sorte une réplique, une conséquence dialectique de celle qui confond l'époux et le père. Il n'est pas douteux que l'être humain soit tenté par ce genre de confusions génératrices à mon sens de désordres sentimentaux. Je dis toutefois que, ici comme plus haut, la responsabilité de l'enseignement catholique m'apparaît considérable. La grande habileté de celui-ci consiste en la présentation de mythes essentiellement plastiques.

La figure de Jésus est tantôt celle d'un jeune enfant, tantôt celle d'un homme dans la force et la beauté de son âge, tantôt enfin celle d'un père vivant de toute éternité ; il est invoqué sous ces différents vocables. La diffusion de son culte en est ainsi facilitée. Pour employer un terme vulgaire, on pourrait dire que tout le monde s'y retrouve en définitive. D'autre part, le dogme qui par ailleurs montre la trinité faite du présent, du passé et de l'avenir réunis en une seule personne divine facilite cette conception en mêlant les différents plans de la représentation en un seul objet.

Jésus, époux mythique des femmes, réalise l'enfant mythique. Il représente une commune et idéale poupée pour adolescentes chrétiennes où se cherche l'aspiration confuse vers la maternité.

Ayant précisé autant qu'il est possible l'objet de l'amour pour Thérèse, toujours considérée comme le type de la bourgeoisie catholique, ayant ainsi mené cette enfant des bras de son père au giron du Christ, de sa famille au cloître, occupons-nous maintenant de dessiner la forme précise que prend son exaltation passionnelle.

MASOCHISME EXALTÉ

On sait que la liaison affective cherche, en général, à se situer entre les deux pôles du masochisme et du sadisme, — j'entends bien, dans l'état actuel des choses, après l'imprégnation chrétienne prolongée qu'a subie l'Occident.

Ces observations n'ont de sens qu'à l'intérieur de ce système de civilisation pour lequel la douleur est tenue pour le phare central de toute vie intérieure. On conçoit aisément que si la joie venait à être posée comme le pivot de l'horlogerie mentale, une transformation totale s'opérerait qui changerait les données du problème. Tant que l'être n'aura pas été retourné et réconcilié avec lui-même et avec la nature, il lui faudra se débattre dans la « capitale de la douleur [1] ». Dès lors, la souffrance sera associée à l'amour dans les deux directions opposées. Douleur pour soi, douleur pour les autres. Le masochisme entraîne l'individu à se nier, à se soumettre, à subir, à s'effacer. Le sadisme l'incite

-----

1. *Capitale de la douleur* est un titre d'un recueil de vers du grand poète Paul Eluard. Je le lui emprunte ici.

à détruire l'objet aimé, à le maltraiter, à le contraindre. Ces courants contradictoires ne sont jamais retrouvés à l'état de pureté dans les individus ; ils se balancent dialectiquement.

La femme chrétienne bourgeoise, dressée dès son enfance à subir l'emprise du mâle, évolue dans la règle vers un masochisme officiel. Toutefois, elle conservera, dissimulé en elle, un désir de vengeance ; elle torturera moralement dès qu'elle en aura le pouvoir.

L'impulsion sadique est, au contraire, le fait de l'homme. Il se montre cruel, autoritaire, brutal, mais par ailleurs il acceptera volontiers dans son intimité l'implacable commandement féminin. Telle est la norme de nos sociétés. La loi religieuse, et le code à sa suite, enregistrent ces rapports. On les décrit en général comme inhérents à la nature humaine, alors qu'ils résultent uniquement de la conception chrétienne du monde.

Thérèse, ici comme en d'autres domaines, incarne très exactement le schéma outré de la femme catholique vulgaire. Elle exalte un immense masochisme. Dès l'âge de trois ans, on la voit s'accuser avec plaisir des moindres fautes. Sa mère écrit : « Elle se tenait là, comme une criminelle qui attend sa condamnation. Mais elle a dans sa petite idée qu'on va lui pardonner plus facilement si elle s'accuse. »

L'enseignement catholique ne fera qu'amplifier ces tendances personnelles. « Le propre de l'amour, écrit-elle, est de s'abaisser. » Puis : « Mon cœur s'enflamma d'un vif désir de souffrances. » « La souffrance devint mon attrait », puis encore : « Oh ! par-dessus tout, je voudrais le martyre. Le martyre ! Voilà le rêve de ma jeunesse, car je ne désire pas un seul genre de supplice ; pour me satisfaire, il me les faudrait tous. Comme toi, mon Epoux Adoré, je voudrais être flagellée et mourir dépouillée, je voudrais être plongée dans l'huile bouillante, je désire être broyée par la dent des bêtes, afin de devenir un pain digne de Dieu... Je voudrais présenter mon cou au glaive du bourreau, etc. » « Je veux souffrir par amour et même jouir par amour. »

Ces déclarations, à vrai dire, sensationnelles, sont généralement mitigées par un complexe d'infériorité très marqué. Elle n'est qu'une petite fille, une fleur effeuillée, une chose misérable. Voici de quoi réjouir l'âme du chrétien français volontiers pleurnichard et timoré.

L'amour du petit, du pauvre, du médiocre, qui est caractéristique de notre clergé national, trouve ici sa pleine expression. Non, certes, le goût du grandiose germanique ou de la fougue espagnole n'est pas son fort. Ecoutons plutôt Thérèse : « Je m'étais affecté à l'enfant Jésus pour être son petit jouet. Je lui avais dit de ne pas se servir de moi comme d'un jouet de prix, mais comme d'une petite balle de nulle valeur, qu'il pourrait jeter à terre, pousser du pied, percer, laisser dans un coin, ou bien presser sur son cœur si cela lui faisait plaisir. En un mot, je voulais amuser le petit Jésus et me livrer à ses caprices enfantins. » Cette image de la petite balle hante son esprit ; elle y revient à plusieurs reprises. Je citerai encore cette phrase, dans laquelle l'amour mystique est fort peu transposé du réel. « A Rome, Jésus perça son petit jouet ; il voulait voir sans doute ce qu'il y avait dedans et puis, content de sa découverte, il laissa tomber sa petite balle et s'endormit. Que fit-il pendant son doux sommeil ? et que devint la balle abandonnée ? Jésus rêva qu'il s'amusait encore. »

J'en terminerai, avec ces expressions si vulgaires, d'un masochisme exalté par une dernière phrase : « Aussi longtemps que tu le voudras, je demeurerai les yeux fixés sur toi. Je veux devenir la proie de ton amour. Un jour... tu fondras sur moi et, m'emportant au foyer de l'amour, tu me plongeras enfin dans ce brûlant abîme pour m'en faire devenir à jamais l'heureuse victime. »

SADISME MINEUR

Le masochisme n'est jamais pur, même quand il revêt ce degré d'intensité. Toujours quelque expression de sadisme s'y trouve mêlée. Sur cette observation psychologique, l'Eglise a bâti des règles fort ingénieuses. Le fidèle est invité à se mortifier, à se fouetter, à se meutrir par le repentir et aussi par la « discipline ». A l'intérieur de la communauté, on lui recommande l'humilité la plus grande vis-à-vis de ses frères. Mais à l'égard des profanes et des infidèles, les impulsions sadiques ne sont nullement interdites. Sous le prétexte facile de détruire le démon ou de redresser l'erreur, la torture, la question, l'écrasement impitoyable sont bien considérés et toujours facilement excusés. Les principes chrétiens ne condamnent pas les bûchers de l'Inquisition ni les massacres de Badajoz.

Dès qu'il est question de déceler ces tendances contraires chez les individus, je voudrais faire remarquer un point de détail qui me paraît présenter quelque importance.

On sait, les travaux des psychanalystes le démontrent, que le masochisme est lié généralement à l'impression voluptueuse laissée par les premières fessées reçues, soit qu'elles aient été perçues d'emblée comme un agrément, soit qu'elles aient été données par quelqu'un que l'enfant aime beaucoup. La pulsion sadique, elle, attend en principe pour éclore la première vue du sang. Ce contact provoque toujours chez les êtres une commotion grave. Peut-être l'homme retrouve-t-il là des émotions ancestrales fort lointaines !

Quoi qu'il en soit, la vision du sang est toujours pour la femme une chose capitale. N'oublions pas à cet égard l'importance psychologique primordiale des menstrues : le premier filet rouge qui s'échappe du corps signe une transformation radicale et se lie à tous les complexes de la puberté. Ce sang « perdu » révèle à la femme son identité. Il lui rappelle les fâcheuses conditions où elle est tenue par la nature et par la société. A partir de cette date, elle fait partie de la grande communauté opprimée qui n'a de cesse de tirer vengeance et d'augmenter son prestige à conquérir par les armes les plus sournoises.

Trop de choses devraient être dites sur ce point, contentons nous de revenir au cas exemplaire qui forme l'objet de ce travail. La crise du sang, qu'on me permette ce terme, apparaît très violente chez Thérèse. Sur une image pieuse possédée depuis longtemps et représentant le Christ crucifié — image qu'elle n'avait jamais bien considérée — elle aperçoit soudain le sang qui s'échappe des mains traversées. « J'éprouvai alors, confie-t-elle, un sentiment nouveau, ineffable. Mon cœur se fendit de douleur, à la vue de ce sang précieux qui tombait à terre sans que personne s'empressât de le recueillir. » La passion sadique de la femme infirmière, de l'éternelle soigneuse attirée par l'odeur du sang chaud se réveille alors en elle. Elle note : « C'était devant les plaies de Jésus, en voyant couler son sang divin, que la soif des âmes (de conquête des âmes, s'entend) avait pénétré mon cœur. » Il faut donc qu'elle s'assure de la possession d'hommes réels pour les offrir à son amour mystique.

Cette première capture d'âme sera la conversion *in extremis* de Pranzini, un assassin condamné à mort et exécuté à Paris. Chose digne d'être notée. C'est le seul fait divers qui soit rapporté dans ses écrits. Comme on conçoit l'exaltation d'une petite fille d'Alençon, encastrée dans les limites infranchissables de sa famille, pour ce jeune, dur et cruel meurtrier. Avec quelle fébrilité, elle suit les détails de l'exécution et quel désir elle témoigne de s'en mêler, d'y jouer un rôle, ne fût-ce qu'en pensée ! Quel accent de triomphe quand elle apprit qu'il avait saisi un crucifix et baisé par trois fois les plaies sacrées !

Le passage est étonnant dans le récit de Thérèse, ce n'est plus une dilution de catéchisme. « Jamais papa ne nous laissait lire les journaux, cependant... je ne crus pas désobéir en regardant les passages qui concernaient Pranzini. Le lendemain de l'exécution, j'ouvre avec empressement le journal *La Croix* et que vois-je ? mes larmes trahirent mon émotion, je fus obligée de m'enfuir... »

Plus loin, elle écrit : « Les lèvres de mon premier enfant allèrent se coller sur les plaies divines. » « Aux âmes, j'offrais le sang de Jésus, à Jésus j'offrais ces mêmes âmes rafraîchies par la rosée du calvaire » (et par le couperet triangulaire, omet-elle d'ajouter).

On retrouve encore, à plusieurs reprises, dans ses textes, des traces sadiques, mais aucune n'a la violence de cet épisode. De sorte que la note dominante de cet amour de Thérèse pour Jésus demeure avant tout le masochisme exacerbé quoique réduit dans son expression par les limites étriquées de la mentalité petite-bourgeoise.

Il me reste maintenant à analyser comment ce flux passionnel peut chez notre sainte trouver quelques satisfactions pratiques.

RÉALISATION SYMBOLIQUE DE L'AMOUR

En effet, la sublimation chrétienne de l'objet amoureux présente un gros inconvénient. Il est difficile d'être l'épouse d'un mythe ! Comment établir des rapports entre une personne vivante et l'image abstraite de son désir impérieux ? Souvent le médiateur est le prêtre. Ne se dit-il pas le messager, le représentant de Jésus ? Quand il est doté de quelque charme, les femmes n'hésitent pas à transférer leur amour sur ces réalités tangibles. Pour Thérèse, ce phénomène n'a pas lieu. Elle a eu des difficultés avec l'autorité ecclésiastique. Celle-ci a eu à ses yeux le tort de ne pas se plier assez vite à sa volonté. L'entrée au Carmel nécessita maintes démarches laborieuses. Dès lors, les écrits de la sainte ne témoignent à l'égard des prêtres que du respect convenable à une Carmélite. Aucune exaltation sentimentale de ce côté, et même quelques pointes agressives qui montrent une connaissance lucide.

Le contact de Thérèse avec l'objet idéal de son amour s'établit directement : rapprochement de l'âme, dirait un littérateur spiritualiste, liaison mystique. Un seul acte est accompli, il a la valeur d'un symbole : la communion. Au risque de paraître m'éloigner du sujet, je veux m'arrêter quelque peu sur ce geste qui est à la fois l'unique expression de l'amour de Thérèse et aussi la clef de voûte du rituel catholique.

L'acte de la communion se retrouve dans maintes religions même des plus primitives, il acquiert dans le christianisme un sens symbolique très large. Je veux dire par là qu'une infinité de significations, toutes également valables, se complétant les unes les autres, peuvent être dégagées de ce seul geste. D'abord on peut voir dans la communion la survivance indubitable d'anciennes pratiques d'anthropophagie. Le dogme assure de la présence réelle de Jésus dans l'hostie, par conséquent l'incarnation humaine de la divinité est mangée.

On ne confondra pas la communion sous les espèces du pain et du vin, réservée généralement au prêtre, avec l'absorption de l'hostie. La première est une réminiscence des sacrifices sémites de jadis. Le peuple assemblé, on égorgeait des animaux consacrés ou l'on se contentait d'offrandes plus modestes. Ces aliments étaient destinés à unir dans un repas pris en commun la divinité et les fidèles. Il s'agit là d'une « alliance scellée ». Dieu se contentait naturellement de la vue des aliments. On dirigeait vers lui les fumées épaisses de la graisse brûlée ; on lui adressait, par l'intermédiaire de la terre, le sang des victimes. Les prêtres se réservaient les morceaux de choix, et le peuple se partageait le reste. Cette espérance de contraindre le dieu, en l'obligeant à prendre part à un festin commun et de s'assurer ainsi son bon vouloir est des plus anciennes de l'humanité.

Par contre, l'absorption de l'hostie par les fidèles procède d'un tout autre sentiment, qui s'attache directement aux rites totémiques. L'homme divinisé est mangé afin que les forces de vie que l'on suppose enfermées en lui se trouvent réparties parmi les membres du clan. Frazer a bien mis en valeur dans les cultes différents ce besoin de tuer le Dieu ou à son défaut son substitut : le prêtre, pour renforcer la collectivité.

A cette notion primitive totémique s'en ajoute une autre assez voisine, il est vrai, qui est spéciale au rituel catholique. Les conceptions philosophiques grecques pré-chrétiennes font du « parfait » la cause des différentes manifestations périssables et momentanées de l'univers. L'idée pure dotée d'un pouvoir réel est censée créer et infuser la vie. L'homme, misérable accident d'un monde limité et fragile, se doit de communier avec la sphère céleste de l'abstrait surnaturel.

La communion peut, en ce sens, être rattachée à l'administration d'une sorte de panacée universelle, d'un élixir miraculeux. Jésus, en tant que corps parfait, doit offrir à ceux qui l'incorporent toute la force réelle incluse dans son absolue perfection. Aussi, après la thérapeutique

mentale qu'est la confession, véritable décharge
de l'esprit, séance de psychanalyse, le fidèle est-
il admis à recevoir dans son corps cette quintes-
sence symbolique, cette espèce de « thériaque
sublimée ». N'est-il pas singulier de noter l'identité entre la matière de l'hostie et celle de nos
cachets, comme si, dans la communion, il était
administré un cachet idéal qui guérirait l'organisme et le libérerait réellement après que la
confession est supposée avoir dégagé l'âme.

Mais aucune de ces explications ne saurait
être tenue comme suffisante dans le domaine
de la réunion d'amour entre Jésus et les hommes.
Il faut ici faire intervenir l'action de la troisième
personne de la divinité.

Tout en étant le corps du Christ, l'hostie est
en même temps la grande semence de la vie. Le
Saint-Esprit, qui s'identifie assez bien à la notion
ancienne de panspermie, est déclaré intervenir à
la cérémonie. C'est lui que l'on invoque à ce
moment. Aussi devons-nous voir dans le rite de
la communion chrétienne une des multiples
transformations du culte phallique. Quand la
pénitente, à genoux, reçoit, la bouche ouverte,
l'hostie consacrée, sans avoir le droit de la mor-
dre ni même de la toucher avec les dents, quand
elle tient soigneusement sous le menton le linge
protecteur, nul ne saurait douter qu'il y a là une
symbolisation exacte et précise d'un rapport
sexuel buccal. Le sperme général du monde est
censé se répandre alors dans les corps des fidèles.

On remarquera par ailleurs que cette cérémonie était pratiquée pour la première fois, tout
au moins jusqu'à ces dernières années, à l'âge
de la puberté et qu'elle a remplacé des cérémo-

nies grecques analogues liées, elles, sans contestation possible à l'initiation sexuelle.

Si cette signification n'est pas exactement perçue dans la conscience de Thérèse et pour cause, elle est parfaitement sentie pour la jeune fille comme l'équivalent d'un acte amoureux. Il s'agit là d'une union véritable avec l'amant mythique. Dès la première fois, elle note : « Ah ! qu'il fut doux le premier baiser de Jésus à mon âme ! Oui, ce fut un baiser d'amour. Je me sentais aimée et je disais aussi je vous aime, je me donne à vous pour toujours. » Depuis, elle n'a plus qu'un désir, recommencer le plus souvent possible. « Il se donnait lui-même à moi dans la sainte communion, plus souvent que je ne l'osais désirer. » Elle se réjouit qu'une épidémie d'influenza, en multipliant les dangers de mort, permette la communion quotidienne.

Pour notre sainte, le geste a donc bien un sens de liaison charnelle, de communication réelle avec l'objet chéri, son époux mythique.

Cette constatation faite, nous aurons en quelque sorte fait le tour de l'amour de Thérèse pour le Christ. J'ai montré les circonstances héréditaires qui la poussent à s'isoler derrière les murailles du Carmel, j'ai indiqué les conditions : enseignement catholique, milieu bourgeois, qui renforcent cet élan héréditaire. Nous avons vu les complexes d'amour pour le père se transformer en une passion pour Jésus. Enfin, nous avons analysé la forme masochiste de cet amour et les bien restreints moyens qu'il utilise pour se réaliser. On ne saurait en terminer avec l'exposé de l'histoire de Thérèse sans insister sur certaines caractéristiques de son expérience psychologique : à savoir les tendances schizophrènes qu'elle manifeste d'une part et son attrait invincible pour la mort d'autre part.

LA SCHIZOPHRÉNIE

La personne de Thérèse est un exemple tout à fait remarquable de la schizophrénie, non pas conduite à ses dernières extrémités de la démence précoce, mais réduite à un comportement psychologique anormal. A travers les conceptions actuelles reçues de ce mot par les psychiatres, on peut très brièvement le définir ainsi.

Le schizoïde est celui qui n'a pas de contacts étendus avec la réalité extérieure, il ne s'y intéresse pas, il reste enfermé en lui-même. Il vit aux dépens de ses représentations intérieures, qu'il est amené à systématiser abusivement, en fonction non d'une expérimentation progressive, mais de désirs plus ou moins gratuits et violents.

L'étude de cette question a donné lieu à de multiples débats où le problème de la réalité s'est trouvé posé avec acuité, non pas sous l'angle métaphysique, mais bien du point de vue psychologique de la connaissance. Je ne veux pas relater ici ces longues, difficiles et captivantes discussions. Quoi qu'il en soit de celles-ci, on peut admettre qu'il y a en pratique une réalité extérieure dont l'existence ne dépend pas de nous, que nous recevons et, à côté d'elle, un ensemble d'élans contenus en nous, faits de nos passions que nous projetons au-dehors dans les choses.

Entre ces domaines de la réalité extérieure et du dynamisme intérieur, nous sommes constamment sollicités par deux courants contradictoires. Un premier nous invite à considérer les choses en elles-mêmes ; le second nous amène à nous abstraire du monde, à nous enfermer sur nous-mêmes et à suivre nos conflits affectifs personnels. Ces mécanismes opèrent généralement en se balançant et, par leur intersection, nous situent au milieu de l'univers.

Quand la représentation objective diminue, l'importance du moi prédomine et on arrive à l'état schizoïde. Le non-moi s'estompe peu à peu. Nos désirs demeurent comme seule réalité. Nous arrivons à un désintérêt total des choses de l'ambiance, et par voie de conséquence nous recréons un monde généralement puéril et pauvre ne dépendant que de nous. Dans celui-ci, l'importance de notre personne est très souvent surestimée. Nous sommes le centre de toute activité.

Tel est bien le cas de Thérèse. Son activité ne se développe pas dans l'ambiance, mais à l'intérieur d'elle-même. C'est un drame sans action où se succèdent des états psychologiques. On y assiste à l'évolution d'un complexe affectif de plus en plus aigu. Pour Thérèse, l'univers n'est pas très vrai, il se résume dans des manifestations variées d'une présence divine. Et ce Dieu, d'ailleurs, n'est pas le créateur, le Jéhovah de la Bible, puissance abstraite, en quelque sorte, loi naturelle poussée à ses dernières limites d'idéalisation. C'est au contraire Jésus, un être précisément défini, en qui elle a placé l'objet de son amour. Le monde, dès lors restreint à l'extrême, n'est qu'un moyen d'alimenter sa conversation intérieure entre elle et son désir.

Remarquons, pour être justes, que cet état n'est exceptionnel ici qu'en raison de l'intensité du processus. Car nous sommes tous, à un degré moindre, il est vrai, théâtres de semblables opérations. Les choses qui existent ne sont pour nous que des moyens de transformer notre rêve en une réalité vécue. Nous ne voyons rarement dans les objets autre chose que des possibilités pour notre action et notre jouissance. Mais, dans ce désir de projeter notre moi, nous n'en arrivons pas pour cela à éteindre notre curiosité à l'égard de ce qui nous entoure ; au contraire, nous cherchons à développer l'observation pour en tirer parti. On franchit les limites de la pathologie quand cet intérêt pour le monde diminue au point de s'annuler. La conversation de Thérèse et de l'objet mythique de sa passion conduit à un dangereux soliloque. La vie en société, et bientôt la vie tout court, arrivent à être supprimées.

Ce fait d'isolement psychologique et d'autisme qui en est le corollaire est tout à fait caractéristique du développement schizoïde. D'où vient que cette jeune fille ait ainsi évolué ? Une prédisposition personnelle, on ne peut le nier, en est le facteur dominant. Elle sera tenue pour l'explication définitive par quelques psychiatres. Je pense, quant à moi, que les circonstances de l'éducation, que les conditions de son développement ont, sans conteste, accru et dirigé le phénomène.

Les dogmes catholiques favorisent hautement ces tendances. Voici comment opère cet escamotage du monde : l'univers, au dire des prêtres, est une manifestation permanente de Dieu, qui peut sans cesse le modifier. Or, cette divinité, pour l'immense majorité des fidèles, se résume en une représentation humaine, Jésus. Et voilà où l'enseignement chrétien devient destructeur du réel, c'est quand il montre que finalement ce dieu est en nous. En définitive, comme l'écrit Thérèse : « Le royaume de Dieu est dans notre cœur. » Il est notre âme immortelle.

Dès lors, la réalité extérieure est annulée et se trouve réduite au simple jeu de notre émotion intérieure. D'autre part, pourquoi s'attacher à connaître le monde ? Pourquoi s'attarder à des reflets momentanés de choses périssables quand le salut ne peut être trouvé qu'en nous-même ? C'est faire montre d'une curiosité bien vaine. Le travail utile devra bien plutôt s'effectuer par une introspection rigoureuse et l'isolement.

Ainsi l'Eglise apparaît comme l'entreprise permanente d'agression contre la vie, le monde, le réel. Mais ici intervient le milieu social. L'homme dans la nécessité de gagner sa vie péniblement est bien obligé de considérer comme des réalités les êtres auxquels il se heurte, contre lesquels il lutte. Les choses qui l'entourent sont à conquérir. Le travailleur connaît leur résistance. Il connaît la loi de la pierre, celle de l'eau, celle de la terre ou du vent. Il n'est pas tenté d'y voir des images fantomatiques et purement subjectives. Il n'est pas enclin à s'en détacher, car il est sans cesse rappelé à l'ordre. La notion du danger nous assure de l'existence des choses.

Dans sa petite ville d'Alençon, dans sa famille où l'on ne lui laisse même pas lire les journaux, Thérèse n'a pas à mener ce combat. Sa subsistance est assurée, le monde lui est caché. Autour d'elle ne jouent que des liens affectifs. Ceux-ci sont exaltés. A l'Eglise, ils sont par ailleurs codifiés et fixés sur des représentations mythiques. Dès lors, le cerveau de l'enfant ne cesse de s'isoler chaque jour davantage, de se retrancher sur soi pour tendre vers une spéculation pure.

Sur un tel état psychique, voici que se créent les idées de grandeur. Choyée par ses parents, protégée par ses sœurs, elle se croit importante ; elle est volontaire et s'assure une idée avantageuse de sa personne. Les premiers essais de rapprochement avec d'autres êtres vivants, en classe par exemple, tournent mal. Elle s'aperçoit qu'elle ne sait pas jouer. Elle ne peut s'attirer la sympathie de ses compagnes. Son orgueil est ulcéré. Oui, pense-t-elle, on avait raison de me prévenir que le monde est mauvais : une source de douleur. La société ne me comprend pas ; il faut la fuir, se réfugier dans un lieu plus reposant. C'est le retour de l'enfant craintif vers la mère, mouvement que les psychanalystes connaissent bien. La mère n'est plus. Pauline qui la remplace est entrée au Carmel ; il faut la rejoindre au plus vite.

Mais, en même temps, la puberté opère. Des désirs amoureux, violents, se font jour. Comme tant de petites filles, elle rêve à l'amour. L'enseignement catholique fournit le thème : le fiancé choisi sera Jésus. Sa passion s'installe. Et voici que celle-ci aggrave encore l'état psychologique ; on sait en effet que toute douleur, toute exaltation passionnelle, nous isole de la collectivité. Dans de pareilles circonstances, nous nous croyons toujours le centre du monde et un objet exceptionnel. Quand nous aimons, nous ne voyons plus rien d'autre que l'être chéri. Notre amour est le plus grand. Quand nous souffrons, qu'importe ce qui se passe autour de nous. Nous en voulons à la vie de continuer. Thérèse passionnée complète son emprisonnement, fortifie son autisme.

Sa volonté de se rétracter pour fuir le monde ne cessera pas après l'entrée au Carmel. Ce n'est plus une simple réaction antisociale de fuite. C'est maintenant le désir de pouvoir se délecter seule dans le développement du grand amour qui l'obsède. Elle fait des neuvaines pour partir dans un Carmel où personne ne la connaitraît. Ainsi, elle serait seule avec elle-même, sans autre lien sentimental pour la distraire de Jésus. Elle confirme d'ailleurs cette interprétation : « Je reconnus par expérience que le seul bonheur de la terre consiste à se cacher, à *rester dans la totale ignorance des choses créées.* » Alors que Nietzsche escaladait les montagnes pour se retrouver seul avec lui-même sur un sommet inaccessible, ivre d'orgueil dans un rêve de puissance, Thérèse veut se retrouver seule au pied de la croix, enfant gâtée et épouse chérie du Christ, dans l'exaltation d'un amour débordant et tyrannique.

Au cours de ce travail de concentration intérieure, les formes extérieures s'estompent progressivement. Les objets deviennent de simples signes.

Qu'on en juge : Un premier épisode intéressant se situe à l'âge de cinq ans : « Regarde, papa, dit-elle, en regardant les étoiles où elle distingue un T majuscule, mon nom est écrit dans le ciel ! » « Puis, ne voulant plus rien voir de cette vilaine terre, je lui demandais de me conduire et, sans regarder où je posais les pieds, je mettais ma petite tête bien en l'air, ne me lassant pas de contempler l'azur étoilé. » Plus loin, elle écrit ceci : « *La nature est devenue le reflet de ma vie intérieure* », puis, « dans toutes les circonstances de ma vie, la nature était l'image de mon âme. Quand je pleurais, le ciel pleurait avec moi, quand je jouissais, l'azur du firmament ne se trouvait obscurci d'aucun nuage ». Ainsi, le grand pas est franchi, l'univers est dépossédé de toute réalité. Thérèse est enfermée dans un système étroit de représentations intérieures qu'elle projette au-dehors. Le contenu lui est fourni par l'Eglise et le mouvement par son désir amoureux.

Elle a des difficultés pour entrer au Carmel et fait pour cela une visite qui s'avère peu propice. « En sortant du presbytère, nous nous trouvâmes sous une pluie torrentielle. » Les êtres ne sont plus dotés d'une activité propre. Leurs gestes n'ont que la valeur d'une conversation entre Jésus et elle. Tantôt Jésus se tait, il boude ; tantôt il s'exprime clairement, pense-t-elle.

Voici un exemple typique de ce genre de raisonnement : des difficultés se présentent pour l'entrée de Céline au Carmel. Thérèse, après la Communion : « Je dis à Notre-Seigneur : Je ne vous demande pas de me parler, je vous demande seulement un signe : Vous connaissez l'opposition de Sœur... à l'entrée de Céline. Eh bien, si désormais elle n'y met plus d'obstacles, ce sera votre réponse, vous me direz par là que mon père est allé droit au ciel. » On voit le processus, le changement de la sœur... va signifier non pas que Jésus approuve l'entrée au Carmel de Céline, ce qui serait cohérent avec ses croyances, mais une chose très différente, à savoir la montée au ciel de M. Martin.

Dans un autre passage de son récit, elle raconte que l'on apporte des fleurs au couvent, elle conclut donc que Jésus ne l'oublie pas, qu'il ne la laisse pas manquer de fleurs puisqu'il sait qu'elle les aime et qu'il est son fiancé.

Voici des vers qui prouvent à quel point la création du monde se confond pour elle à un entretien avec Jésus :

De ta petite main qui caressait Marie,
Tu soutenais le monde et lui donnais la vie
Et tu pensais à moi,
Jésus, mon petit roi.

Cela ne l'étonne pas, puisque :

Je connais tes secrets car je suis ton épouse
O mon divin Sauveur.
Je m'endors sur ton cœur,
Il est à moi.

Ainsi, Dieu crée le monde, ce n'est pas un événement autrement important. Pendant qu'il fait cela, Jésus pense à elle et lui appartient.

On ne saurait trop insister sur ce mécanisme psychologique dont nous trouvons un exemple si pur en la personne de Thérèse, parce qu'il est très répandu grâce à l'imprégnation chrétienne de l'Occident.

En premier lieu, il y a négation par suite de la sous-estimation continue, de la réalité extérieure. Ensuite, il y a fabrication d'un monde surnaturel auquel on prête une existence objective, mais qui ne cesse pas pour cela d'être rattaché à notre moi.

« Je comprends et je sais, par expérience, que le royaume de Dieu est au-dedans de nous. » En conséquence, nos désirs, tous les mouvements de notre inconscient sont tenus comme formant des entités. Les élans passionnels de notre cœur que nous projetons en dehors de nous occupent toute la place. Il y a donc, dans un premier temps, isolement de l'ambiance, concentration sur soi, exaltation du je et, dans un second temps, création grâce au thème catholique d'un univers artificiel. Nos rêves, nos désirs sont personnalisés et ne sont plus reconnus dans leur sens exact.

La société bourgeoise, qui engendre des parasites vivant en marge de l'effort collectif, subsistant grâce au labeur du peuple, développe ces tendance schizophréniques et vient ainsi renforcer les résultats du christianisme. On remarquera combien sont proches les spéculations financières qui jouent sur des signes abstraits de la valeur et les spéculations philosophiques qui roulent sur des symboles et des représentations non rattachées à un contenu extérieur réel. Le danger est trop grave tant au point de vue social qu'au point de vue de l'évolution mentale des individus pour que l'on feigne de l'ignorer au nom de la liberté de conscience.

La poussée contemporaine vers un réalisme un peu simplet, à vrai dire, n'est qu'une réaction salutaire contre cette gangrène. Le travail, la recherche objective, l'activité dans la lutte pour l'amélioration de la condition humaine, sont les remèdes immédiats contre l'envahissement de ces psychopathies. Toutefois, on souhaite que l'équilibre ne soit pas rétabli simplement en jouant la carte opposée et que l'humanité arrive bientôt à cesser d'opter tantôt pour l'univers, tantôt pour son moi. Il faudra, sous peine de mort, joindre les deux tendances contradictoires et réconcilier l'homme et la nature dont il est partie.

VERS LA MORT

Je dis sous peine de mort et je n'exagère rien car, à nier le moi au profit du monde extérieur comme le veulent les réalistes forcenés, ou à supprimer le réel au profit d'une claustration dans la prison illusoire de notre je, comme nous venons de le constater chez Thérèse, on aboutit des deux façons à la diminution, puis à la terminaison de la vie.

On doit à la vérité de constater que les dangers ne sont pas identiques dans les deux alternatives. A se mêler trop aux faits et aux choses, un réaliste perd sa personnalité, mais il participe à l'activité commune, il s'intègre à la vie sociale plus ou moins heureusement.

Tandis qu'en se claustrant, le schizoïde est un membre inutile que la collectivité entretient sans profit. C'est le cas de Thérèse qui utilise la sueur des autres pour s'enfermer dans la délectation de son analyse introspective. Ceci ne serait qu'un accident limité parmi les multitudes d'expériences particulières, si l'Eglise n'exploitait pas de tels faits et ne les citait pas en exemple.

A partir de ce moment, nous avons le droit et le devoir de nous insurger au nom de la société, au nom de la vie des hommes, contre une si dangereuse entreprise de destruction. Thérèse n'a pas été la première schizoïde et ne sera pas la dernière ; mais qu'on cesse de nous montrer son évolution comme dotée d'avantages pour l'humanité ou même comme un épisode glorieux.

A s'enfermer dans un Carmel d'abord, puis
strictement en soi-même ensuite, les résultats
sont et ne peuvent être que néfastes. Et là intervient le procès nécessaire de ce que l'Eglise
conseille comme un moyen de salut. Je dis que la
retraite prolongée jointe à l'introspection ne peut
aboutir qu'aux désastres. En se retranchant,
l'homme ne retrouve en lui que les enseignements
qui lui ont été précédemment donnés. Ainsi Thérèse livrée à son délire ne fait qu'exprimer en le
paraphrasant le contenu du catéchisme élémentaire. Veut-elle écrire, faire des poèmes, elle
régurgite les termes des quelques livres édifiants,
lus antérieurement, de quelques sermons entendus, d'où l'incomparable pauvreté de ses textes.
En cessant de s'enrichir par l'observation des
choses, par le contact des êtres, l'individu tourne
vers une dangereuse vanité et vers la débilité
mentale. De même que la plante privée de soleil
s'étiole et blanchit. De même notre cerveau
quand il opère son travail en se prenant comme
seul objet se débilite gravement. Comme le thème
général de la pensée de Thérèse est fourni par
les dogmes chrétiens essentiellement pessimistes,
négateurs — on peut dire sans exagération que
le comportement de la sainte est celui d'un
mécanisme d'autodestruction, d'autodésagrégation ne pouvant aboutir qu'à la douleur et à la
mort.

A la douleur, Thérèse l'avoue ; sa vie n'a été
qu'une longue souffrance. « Nul ne pourra savoir
ce que j'ai souffert », écrit-elle, d'autant que,
petit à petit, l'enseignement de l'Eglise s'appauvrit en elle ; il se débilite pour ne plus laisser

qu'un très pauvre résidu : son amour pour Jésus. Sa foi n'est plus rattachée à rien d'autre. Elle note dans les derniers mois de sa vie : « Vous allez croire, sans doute, que j'exagère la nuit de mon âme. Si vous en jugez par les poésies que j'ai composées cette année, je dois vous paraître inondée de consolations, une enfant pour laquelle le voile de la foi s'est presque déchiré ; et cependant ce n'est plus un voile, c'est un mur [le mur de l'isolement schizophrénique] qui s'élève jusqu'aux cieux et couvre le firmament étoilé. Lorsque je chante le bonheur du ciel, l'éternelle possession de Dieu, je n'en ressens aucune joie, car je chante simplement ce que je veux croire. »

Ainsi, dans les minutes de conscience lucide, Thérèse exprime ce vide total douloureux et tragique auquel elle est arrivée. Elle condamne par là même son entreprise. Il ne demeure en elle que son appel vers l'amour, espoir rendu vain puisqu'il se porte vers un objet inaccessible. « Je n'ai plus grands désirs, si ce n'est que d'aimer jusqu'à mourir d'amour », dit-elle. C'est bien de cela qu'il s'agit. L'implacable système catholique se resserre sur cette jeune enfant et l'aboutissement fatal de toute sa recherche va être la mort. Comme Nietzsche avait raison de montrer en l'idée chrétienne la machine infernale d'un négativisme envahissant, l'organisation progressive de la destruction de toute vie aussi bien pour l'individu que pour la collectivité.

Ce n'est pas écrire en partisan, mais en observateur impartial, de conclure que le christianisme est la fabrique démoniaque de la débilité mentale et la voie assurée vers la démence précoce. Enfin, la mort est pour le chrétien la seule affaire importante, l'heure glorieuse où les portes du ciel lui seront ouvertes, le moment qu'il importe de préparer avec un soin extrême. Elle aura pour Thérèse un autre attrait. Ce sera sa récompense. De même que le malade au cancer ulcéré réclame en gémissant la terminaison de ses souffrances (j'insiste sur cette comparaison qui me semble particulièrement exacte), de même Thérèse, atteinte d'un véritable cancer sentimental représenté en elle par le gonflement monstrueux d'un amour détourné de toute réalité, qui ne peut se manifester vraiment, appelle à grands cris la mort[1]. Puisqu'en vivant elle ne peut satisfaire son désir, morte elle rejoindra son amant mystique. Elle demande à son fiancé céleste de venir la prendre. Elle lui rappelle le titre de voleur qu'on lui donne dans certains textes : « Afin qu'il n'oublie pas de venir me voler. »

Dès qu'une première hémoptysie l'assure d'être réellement malade, elle s'écrie : « Quelle espérance ! J'étais intimement persuadée que mon Bien-Aimé, en ce jour anniversaire de sa mort, faisait entendre un premier appel comme un doux et lointain murmure qui m'annonçait son heureuse arrivée. » Pour hâter l'événement, elle traite sa tuberculose par le moyen d'un Carême prolongé ; les hémoptysies se répètent. La mort progresse en elle. Les douleurs assez vives sont autant de jouissances qu'elle éprouve. Son masochisme n'a plus à forger de représentations imaginaires. Pour la première fois, il trouve un aliment réel, à savoir : la fonte caséeuse des

---

1. Je pense comme Léon Daudet que l'accroissement d'un cancer est corrélatif à un état de déséquilibre de la société. Je l'accuse simplement d'avoir mal situé l'origine du désordre et de ne pas avoir vu la responsabilité du christianisme dans cette affaire.

72

poumons. Elle se sent violentée, ses forces s'épuisent ; c'est donc que l'acte suprême d'amour va pouvoir s'accomplir, et l'épopée se termine par ces derniers mots prononcés dans l'agonie : « Oh ! je l'aime... Mon Dieu, je vous aime. »

Il ne restera plus à l'Eglise qu'à exploiter commercialement, en vue d'un intérêt très précis, la tragique destinée de cette enfant. Mais, si elle s'autorise ainsi à exalter ce cadavre dont elle est responsable, rien ne peut m'interdire de montrer cette doctrine sous son véritable jour. Comme la doctrine catholique est loin d'être l'amour et la consolation qu'elle prétend être ! Quelle erreur de la considérer, à la manière de Jaurès, comme « la chanson qui, depuis des siècles, berce la douleur des hommes ». Bien au contraire, et nous venons de le remarquer dans l'exemple typique de Thérèse, elle est le monstrueux agent engendrant la douleur, la ruine morale et la mort.

Le christianisme. Consolateur ? Non point. Il a été une étape grandiose, utile, dans la marche de l'humanité, on ne saurait le nier sans sectarisme stupide. Il a permis l'envol extraordinaire de la civilisation occidentale, mais il est devenu une synthèse périmée, dépassée et comme tel il doit être considéré comme créateur hypocrite et persévérant du malheur ; depuis bon nombre d'années, le christianisme ne peut plus que panser maladroitement les blessures qu'il a d'abord faites.

L'AMOUR ET LE DUALISME CHRÉTIEN

Quels que soient le nombre et l'intérêt des considérations que mériterait de soulever l'histoire de Thérèse, je veux, pour terminer cette brève étude, revenir à ce qui, pour moi, en constitue l'enseignement principal. A propos de cette sainte, je ne tiens pas à remuer l'ensemble du problème religieux, je le ferai ailleurs. Je me suis choisi cet exemple démonstratif pour insister sur un point précis :

Les rapports du christianisme entendu comme le dualisme dans l'amour.

D'un point de vue général, nous allons examiner maintenant comment le dualisme a transformé nos conceptions de l'amour et comment il l'a rendu impossible.

L'univers a été séparé, je l'ai dit, en deux domaines bien distincts, celui de la matière, du tangible, et l'autre spirituel, parfait, éternel et divin ; dès lors, l'amour, comme n'importe quelle autre activité humaine, se trouve scindé en deux : un amour matériel, fait de contacts de la chair, de désirs, de caresses, et un amour immatériel qui s'élance, surnaturel, à la recherche de la durée et de la totale perfection. Le premier aura un objet précis qui est souvent plus un acte déterminé qu'un être défini. Le second, au contraire, vise à des représentations générales peu délimitées. Dès que l'on a ainsi tranché l'empire du cœur, il ne reste plus qu'à en qualifier les parties. Puisque la vie terrestre n'est qu'épreuve momentanée, puisque le corps n'est qu'un support transitoire, une pauvre guenille source de tous nos maux, l'amour physique qui rapproche ces corps, qui les fonde en un, qui transmet la vie des générations, sera entaché de toutes les condamnations inhérentes à la matière. On nous le montrera alors non seulement comme une pauvre chose, mais encore comme un péché grave dont un être véritablement saint doit s'abstenir. La chasteté est une grande vertu, dit l'Eglise. Pour elle, l'amour véritable sera celui des âmes, sentiment immatériel qui trouvera dans la divinité, en la personne de son Fils, son plus sublime objet. S'il est dit : « Aimez-vous les uns les autres », l'esprit catholique entendra qu'il s'agit là d'aimer en Dieu, de joindre ces parcelles d'immortalité que sont nos âmes.

Les préceptes catholiques sont tout à fait formels ; on ne doit pas se laisser aller au désir du corps, se réjouir dans sa chair, s'attacher à la créature. Toute la puissance affective de notre être doit être reportée sur Jésus. Les rapports sexuels sont tolérés pour la reproduction de l'espèce, mais demeurent des péchés. Et, pour bien l'affirmer, l'enfant, dès sa naissance, ce fruit de la faute, sera baptisé. Je rappelle, à ce propos, que le baptême est un exorcisme.

Mais considérons de plus près non les généralités, mais la pratique sociale. La femme se voit donc interdire de trouver dans un homme la clef de son être et la lumière de l'univers. Si un homme peut lui apporter la jouissance de la chair, l'Eglise, elle, sous l'espèce de son prêtre, lui ouvrira la porte de l'amour vrai et permanent pour Dieu. Et, se faisant le successeur de l'anthropomorphisme grec, le christianisme ne propose pas de tendre son cœur vers un principe éternel, infini et impensable — comme l'était Jéhova — mais vers un Dieu fait homme, parfaitement figurable et situable, dont on raconte l'histoire et dont on représente les traits : Jésus. Il s'agit alors d'un idéal masculin.

On demandera donc à la femme de dématérialiser ses désirs, de les refouler, de les sublimer et enfin de les transférer sur un mythe qui servira de barre d'appui à toutes ses aspirations sexuelles et amoureuses. Le mâle trouvera en la représentation de la Vierge mère une réplique exacte de ce qui vient d'être dit pour Jésus. Il trouvera, en elle, l'idéal féminin.

Ainsi, dès que la femme est chrétienne, elle cesse de pouvoir aimer de tout son être ; il lui est prescrit de réserver le meilleur de ses forces affectives pour Jésus. Ayant opposé ainsi l'amour humain, contingent, d'essence diabolique, et l'amour spirituel, durable, sanctifiant, la femme tend à miser sur ce dernier. Elle se crée une image parfaite de l'idéal masculin, une représentation théorique de l'amour à qui elle comparera désormais chacun des individus qui se présenteront à elle. L'époux paraîtra bien éloigné du modèle rêvé. Les mille difficultés nées de la vie en commun ne manqueront pas d'accentuer cette cruelle différence.

Prise entre la réalité et l'imaginaire — un imaginaire codifié, affirmé comme une réalité céleste à laquelle seules la mort et la sainteté donneront droit — la femme soupire, mécontente, éternellement déçue. Elle rêve du beau Christ lumineux, entrevu dans la cathédrale, objet inaccessible de son amour.

Mais la sublimation est malaisée à soutenir longtemps. Comment garder fidèlement la plus grande place dans son cœur à l'image virtuelle de cet homme parfait mais, hélas ! mythique. Et voici que le désir se fait si violent de le rechercher sur terre. En fin de compte, c'est sur la réalité d'un amant que la femme arrive à reporter le fruit du refoulement qu'on lui a commandé. Le mari participe à la contrainte matérielle et sociale. Il représente l'imperfection et le péché. Il sert à l'entretien et à la reproduction de la vie. L'amant, lui, se charge de concrétiser l'autre amour, le durable, immatériel, celui du rêve. Suivant les possibilités d'idéalisation de la femme, suivant aussi son ardeur, ce sera Jésus, l'amant idéal, le grand consolateur. Parfois, on descend d'un cran, le rôle est tenu par un être très noble, mystérieux, parent de l'âme, demeurant éloigné, sans contact possible en raison des convenances sociales ; plus souvent, un amant réel incarnera tous les charmes, la beauté, la jeunesse, la richesse, aux yeux de la femme avide de réalisation. Il peut arriver même que ce ne soit qu'un « coquin » qui accroche le désir médiocre d'un être peu exigeant. Tous ces échelons divers sont, apparemment, des solutions différentes de l'affectivité féminine. Au fond, il y a identité. Ce ne sont, en définitive, que des moyens de résoudre l'antinomique dualité imposée par le christianisme. On s'interdirait de comprendre quoi que ce soit à la civilisation occidentale si l'on ne distinguait pas tout d'abord nettement ce fait fondamental à la base de son développement.

Un des plus beaux exemples que l'on puisse fournir de ce mécanisme psychologique réside dans l'institution de la chevalerie.

Après que les vierges eurent cessé de s'offrir aux lions pour propager la foi et répandre le culte du beau martyr de Nazareth, les dames du Moyen Age, n'ayant plus de geste aussi héroïque à accomplir, enfantèrent cette admirable formule de la chevalerie pour satisfaire la sublimation qu'enseignait l'Eglise, mais qu'elles ne pouvaient guère mener jusqu'à son extrême limite d'abstraction et de renoncement.

Le chevalier, personnage mystérieux, brave et vigoureux, fort mais chaste, était le soldat de la foi et l'élu du cœur. Etre mi-idéal, mi-réel, on attendait anxieusement de ses nouvelles. Arrivant des terres lointaines, poète et musicien, il revenait un jour, tout chargé de gloire. Réciproquement, la femme demeurait pour lui un objet de rêves, un être opprimé, sans cesse à défendre, faible et éthéré, une véritable vierge-mère.

Le succès de cette aspiration idéale fut considérable, dura des siècles et se répandit dans les pays les plus éloignés. En particulier dans les races germaniques, où la sublimation n'a jamais été très facile, l'image d'un Siegfried se superposa à celle de Jésus. Il y eut ainsi la version germaine, la version celtique du christianisme. Presque toutes ces représentations, qui varient avec les contrées, sont, quoi qu'on en ait dit, postérieures à notre ère. Elles sont des altérations de la figure de Jésus et sont chargées de personnaliser l'amour immatériel et sentimental. Ainsi fut engendré pour longtemps le roman d'amour, que les âges amenèrent à l'état romanesque, puis romantique, et qui trouve encore si bon accueil auprès de nos contemporains.

Mais, bientôt, les conditions sociales et économiques de la vie se font plus dures. Ces milliers de beaux chevaliers et de dames élégantes ne peuvent plus subsister comme de purs esprits, entités lumineuses dégagées du souci d'un travail quotidien. Le peuple n'admet plus de représenter simplement la matière première suante et opprimée de ces rêves. L'arme glorieuse, l'épée étincelante, Durandal, n'est plus tenue comme une activité suffisante. Les hommes font intervenir maintenant une autre sorte de contrainte : celle de l'argent.

A l'âge féodal succède, après une période confuse, l'âge bourgeois. L'amour va supporter le contrecoup des transformations économiques, sans, pour cela, cesser d'être divisé en ses deux parties indépendantes, puisque l'idée chrétienne continue et même se renforce. Le règne de l'argent n'est pas, à vrai dire, un climat favorable à l'épanouissement des élans du cœur. L'amant mystique n'est plus représenté par le chevalier. Mais, comme l'Eglise ne cesse de tenir ses fidèles tendus vers les représentations mystiques, les femmes ont de plus en plus de difficultés à fixer cet amour idéal dont on a fait miroiter la saveur. Certaines vont au Christ et s'enferment dans une religion ardente. D'autres souffrent en silence de la vie imparfaite de la terre. Un grand nombre aussi trouvent mille accommodements de moins en moins glorieux.

A mesure que la bourgeoisie développe son âpreté, qu'elle tourne autour de ses sordides spéculations, les exigences de l'amour sentimental trouvent plus difficilement le moyen de s'exprimer. Le déséquilibre augmente entre le rêve et le réel, accroissant le pessimisme, la désespérance, et aboutissant à l'inquiétude psychopathique moderne.

Les filles qui ont chanté le dimanche l'extase du grand abandon vis-à-vis du Christ, qui ont tressailli en lisant les traîtresses poésies romantiques, reconnaissent mal des objets enviables dans les hommes qui les entourent. Ni les notaires à lunettes, ni les médecins à gilets rayés, ni les premiers usiniers à chaîne de montre ne sont dignes de ces âmes hautaines, éprises d'idéal. Pour beaucoup, le cloître est un refuge certain, et Jésus la seule porte de sortie d'une vie trop inhumaine. De ce fait, les Ordres se peuplent. Comme l'écrit André Breton, « l'être qu'il (le cloître) tente n'est, pour commencer, que le jouet de la priorité accordée, pour une raison ou pour une autre, mais toujours pour une raison morbide, aux représentations hallucinatoires sur les représentations réalistes [1] ». Quand la réalité devient trop vile, il faut ou lutter pour la transformer ou la fuir derrière les grilles du Carmel. Et, comme la doctrine chrétienne interdit la révolte, comme elle montre l'inanité des changements sur la terre, les êtres dont la sensibilité est un peu vive adoptent cette seconde solution. Le cloître est l'oasis de paix et le champ clos d'un amour rendu inaccessible.

Quant à celles qui sont demeurées dans la vie profane, leur destin est douloureux. L'existence est un devoir pénible à remplir, en attendant que la mort ne les vienne délivrer. A force d'annoncer la vallée des larmes, la bourgeoisie chrétienne l'a effectivement réalisée. La fille est mariée par contrat en vue des affaires, comme jadis les princesses pour des raisons diplomatiques. Fille chrétienne, soumise, elle obéit à ses parents ; fille chrétienne, chaste, elle ignore tout des choses de l'amour. L'époux, lui, songe à autre chose qu'à diriger cette éducation affective ; il n'a, d'ailleurs, aucun titre pour le faire, car la bourgeoisie a tourné les hommes vers un matérialisme vulgaire en même temps que les femmes vers une

---

1. André Breton : *Les Vases Communicants*.

sentimentalité stérile. Le mari rêve du compte en banque, de titres et d'honneurs. La femme bourgeoise, réduite à une oisiveté masquée seulement par une futile agitation, va remettre à l'église le trop-plein d'un cœur exigeant qui demeure inemployé. Les forces amoureuses sont transférées sur les enfants sans qu'il en résulte aucun bien, puisqu'en définitive cela n'aboutit qu'à former en eux des complexes intérieurs monstrueux qui, à leur tour, leur rendront l'amour de plus en plus impraticable.

Ainsi fut descendue la pente fatale qui aboutit au croisement sanglant des heures présentes.

La vie terrible de ces femmes bourgeoises, nous la connaissons par d'innombrables récits. C'est Mme Bovary, c'est Eugénie Grandet. C'est l'*Histoire sans nom*, de Barbey d'Aurevilly. Ce sont les revers humains d'un siècle, qui s'intitule siècle de progrès et qui, en fait, s'enfonce davantage chaque jour dans l'ignominie. A côté de ces milliers de recluses, victimes des images illusoires que l'Eglise leur a inculquées, et des cruautés réelles que la bourgeoisie a créées, femmes vaincues avant d'avoir tenté la lutte, d'autres, plus courageuses, essayent de réagir. Filles ardentes, elles veulent un mariage d'amour, comme elles disent. Dans l'ensemble, leur destin n'est pas plus heureux. Que savent-elles du sujet, ces enfants ? Peu de choses, assurément.

Ici, une communauté de goût, quelques aspirations artistiques semblables, dans un milieu hostile et clos à ce genre d'inquiétudes, là une attirance sexuelle un peu vive sont confondues avec l'amour. L'union s'établit sur ces bases très fragiles, véritables trompe-l'œil. Mais la société bourgeoise ne tarde pas à remettre au pas ces fièvres sentimentales. Elle a transformé la cité en une jungle dangereuse dans laquelle la lutte féroce s'engage pour l'argent. L'amour humain y est aussi sévèrement condamné que par l'Eglise. La femme ne tarde généralement pas à s'apercevoir qu'elle s'est trompée, qu'elle a été victime d'illusions. Le bourgeois jeune, tant qu'il est à la Faculté ou en dehors de la complexité sociale, témoigne, en raison de son âge, d'une certaine fraîcheur, mais, dès qu'il a franchi le seuil de la vie active, qu'il s'est installé, devient comme ses compères, l'être plein de duplicité que nous connaissons.

Assiégé de préoccupations matérialistes, au sens misérable de ce terme, sa grande spiritualité est purement verbale. C'est le paravent commode pour impressionner l'ouvrier, pour en imposer aux enfants et s'assurer une bonne réputation.

Si bien que, ni du côté du mariage de raison, ni du côté du mariage d'amour, la femme ne trouve à placer ses espérances ni à éteindre sa soif d'idéal. Devant ces échecs, on en arrive à nier partout la possibilité même de réaliser cet amour. Sans vouloir se rendre compte que seules les conceptions fausses données par le christianisme et les conditions monstrueuses de la vie bourgeoise sont les raisons de cet échec, et que rien dans la nature humaine ne tend à le rendre inéluctable.

Au milieu du pessimisme général, certains êtres penchent vers les solutions extrêmes. Puisqu'il y a deux amours, que chacun s'en déclare assuré, les uns jouent le tableau de l'âme, les autres le tableau de la chair. Nous avons vu Thérèse être amenée, par une suite mathématique de circonstances, vers le cloître où son amour montera en flèche vers un époux mythique. Sa constitution névropathique la conduit à l'exaltation sans objet, position pénible, en vérité, dont la mort seule pourra la tirer. Malgré cela, elle apparaîtra comme l'héroïne vénérée aux yeux de milliers de femmes, qui n'ont pas eu, elles, ce même courage. Ces victimes à la fois de leur imagination et d'une société difficile, occupées à remâcher l'amertume de leurs efforts inutiles, de leur vertu mal récompensée, tourneront vers Thérèse leur affection fraternelle. Thérèse, la grande patronne de l'amour impossible, a eu sur elles la supériorité d'avoir compris d'emblée la défaite qu'il leur a fallu tant d'années pour accepter.

Comme elles se retrouvent dans la sainte, nos honnêtes femmes, épuisées d'amours manqués. C'est un plaisir pour elles de se délecter de ses vers mirlitonesques et bêtas. Des étoiles, un firmament azuré, des fleurettes, des oiseaux, voilà les vers de la poétesse du Carmel. La même sève que dans F. Coppée ou dans H. Bordeaux. L'inépuisable réserve de guimauve. Des descriptions comme celles-ci : « Papa, après Vêpres, était allé s'asseoir dans le jardin et, là, les mains jointes, il contemplait les merveilles de la nature. Le soleil couchant dorait de ses derniers feux le sommet des grands arbres, et les petits oiseaux gazouillaient leur prière du soir. » Et, avec cela, des vers suggestifs, pleins d'une triviale frénésie :

Bientôt de ta bouche adorée
Donne-moi l'éternel baiser (12 août 95).
Je veux aussi recevoir tes caresses
Ah ! donne-moi tes baisers ravissants...

Ou encore .

Je veux aussi t'aimer à la folie,
Je veux aussi vivre et mourir pour toi...
Je suis ton épouse chérie
Mon Bien-Aimé, viens vivre en moi
Oh ! viens, ta beauté m'a ravie.

Telle est la littérature sanctifiante des filles qui ont opté pour le spirituel en entrant dans les cloîtres ! Ecrits qui n'ont pas peu contribué au succès de Thérèse. On voit qu'ils ne sont pas essentiellement différents des chansons réalistes fredonnées la nuit par les malheureuses qui, elles, ont joué la carte de l'amour physique. Celles-ci peuplent d'autres maisons, guère plus gaies.

Courbées sous le poids d'une faute définitive, imprégnées de l'antique condamnation chrétienne pour les jeux érotiques, elles ont perdu toute dignité humaine. Elles arrivent à répéter sans cesse des caresses auxquelles leur esprit ne participe nullement. Ce rapprochement de la religieuse et de la prostituée a été souvent fait dans le but de scandale. Je ne m'y hasarderais pas si je ne l'avais vu jadis dans cet établissement de cauchemar qu'était l'infirmerie spéciale de Saint-Lazare. Un personnel de Sœurs soignait les prostituées malades. L'effroyable soumission de ces femmes à un commun destin aussi inhumain l'un que l'autre, les rapprochait étrangement. On ne pouvait distinguer les plus misérables.

Ainsi, quelle que soit la direction adoptée, qu'elle conduise à la réclusion laïque ou sacrée, au ménage bourgeois honoré, conclu par intérêt ou par toquade, toujours le même échec. L'amour y est pareillement impossible et ne conduit qu'à la mort, c'est-à-dire à la négation de l'être humain.

Cette crise prolongée de l'amour comporte, pour les femmes, outre des conséquences graves sur le terrain social, des retentissements profonds dans leur personne même. C'est ainsi qu'à mesure que l'Eglise a concentré son activité sur le domaine sexuel et que la société bourgeoise a rendu l'exercice de l'amour impraticable, le nombre des femmes déséquilibrées s'accroît. Hystérie, psychoses d'un côté, frigidité de l'autre. Beaucoup de femmes froides, disent les spécialistes consultés à ce sujet, qui en cherchent la raison dans des malformations ou dans des désordres glandulaires. Beaucoup de maladies mentales, annoncent les psychiatres, qui, eux, ont l'avantage de ne chercher aucune explication. Mais on oublie de dire que voilà l'échéance du long discrédit où a été tenu l'amour physique. A force de l'avoir indiqué comme un péché de luxure, à force d'avoir fait le silence sur l'éducation nécessaire qu'il comporte, à force d'avoir réprouvé le tout sous l'étiquette de bestialité — bestialité qu'on a ainsi développée — voilà que l'imposante cohorte des malades et des dégénérées subissant sans plaisir, enfantant sans joie, vient, par sa multitude, condamner au nom de la vie la civilisation chrétienne responsable de cette situation [1].

Si je me suis aussi longuement étendu sur le

---

1. Lorsque je parle de la terminaison rapide de la civilisation occidentale, ce ne sont pas des arguments philosophiques que j'invoque. Je dis que la morale chrétienne, l'état social bourgeois ont abouti à une crise grave de dénatalité, à une décrépitude véritable de la race. Ce sont là des preuves tangibles d'un échec et d'une fin de cycle. D'autres arguments peuvent être mis en évidence, mais ceux-là suffisent à établir la conviction.

sort de la femme, c'est que le drame est plus aigu de ce côté, l'amour jouant pour elle dans la société présente un rôle prépondérant. On se tromperait si l'on pensait que, dans les rangs masculins, les choses aient meilleure tournure. Là non plus le nombre des désespérés, des impuissants, des névropathes n'est pas mince.

Aux yeux des femmes, l'acte génital garde toujours, à quelques exceptions près, une grande valeur (importance sociale de la virginité, danger d'enfantement, etc.). L'homme, par contre, pour qui le geste sexuel est très simple, n'a aucun effort à faire pour se convaincre de la dualité de l'amour. La conception catholique lui est aisément acquise. Il est amené, pour calmer ses désirs, à user de femmes qu'il méprise, qu'il paye et qu'il écrase sous un appareil légal despotique. Quant à l'objet idéal de l'amour, c'est pour lui l'épouse, reflet de l'idée de la Vierge mère du catéchisme, cette épouse que l'on respecte au point de la tromper, car le choix d'une maîtresse est, généralement, dans les milieux bourgeois, la preuve que l'homme n'ose pas, vis-à-vis de sa propre femme, proposer des jeux sexuels dont il a le désir, mais qu'il juge, suivant l'idée chrétienne, dégradants. La femme, promue gardienne du foyer, mère, chargée du faix d'une idéalisation excessive, est située au-dehors de la vie. Dès lors, quand cet être humain veut, à son tour, essayer d'acquérir quelque liberté, la colère du mari atteint au maximum. Comment, cette « femme image » ne veut pas rester dans la ligne surhumaine qu'on lui a tracée ! L'homme ne comprend plus, il proteste. Car l'amant qui est pour la femme l'aspiration vers un amour plus complet, vers une forme idéalisée de son affection, devient, pour le mari, un simple voyou qui dégrade l'objet respecté de son rêve, la mère de ses enfants qui a succédé dans son cœur à sa propre mère.

La conviction du dualisme en amour n'est donc pas plus favorable à la psychologie de l'homme. Interrogé, le bourgeois répondra toujours que l'acte sexuel en lui-même n'est rien, qu'il ne se sent pas lié par lui, que ce n'est qu'un équivalent plus complet de la masturbation, dont il est le prolongement naturel.

Mais l'amour, dira-t-il, est tout autre chose, et, si vous poussez un peu la confession, il vous sera parlé du rapprochement immatériel avec une beauté idéale dans un pays enchanteur, au cours d'un voyage merveilleux. Je pronostique que le mot de pureté ne tardera pas à être prononcé. Aussi l'amour n'est envisagé qu'à la manière d'une illusion. Suivant l'étendue de l'éducation qu'il a reçue, votre interlocuteur débitera la gamme des fadaises sentimentales, allant du clair de lune à l'amitié amoureuse, du roman à six sous au *Lac* de Lamartine. Mais toujours, — et j'insiste sur ce point — il sera facile de retrouver dans le portrait ainsi tracé celui de la Vierge Mère qui a hanté son enfance. Tels sont les brillants résultats du dualisme chrétien et des thèmes que le catholicisme a imposés aux imaginations. La représentation de Jésus et de la Vierge ne cessent pas de s'interposer entre l'homme et la femme pour les mieux séparer.

Je dis qu'il est grand temps de s'employer à mettre un terme à cette situation qui rend la vie des hommes un enfer insupportable.

Nos révolutionnaires sont sans doute pleins de bonnes intentions. Il est louable d'essayer d'améliorer la production et les échanges, d'empêcher l'exploitation d'une classe de travailleurs par une autre classe de privilégiés. Nul plus que moi ne souhaite la transformation sociale ; la terminaison de la société bourgeoise avec la suppression du pouvoir exorbitant de l'argent doit clarifier l'atmosphère et former la première condition pour l'éclosion d'un homme vivant réellement. Cependant, ce serait une grave erreur de ne pas comprendre l'insuffisance manifeste de cette œuvre si elle devait se limiter là. Pour atteindre un résultat humain, il faut à la fois changer l'ambiance des hommes et en même temps le contenu de leurs esprits et de leurs cœurs. Pour cela, on doit leur expliquer l'origine de leur malheur. Ils doivent cesser de se tenir pour définitivement vaincus et enfermés dans des antinomies insolubles.

Pour moi, et je pense avoir dans ce texte apporté déjà quelques preuves, la libération des individus n'interviendra qu'à la condition qu'ils puissent rompre les chaînes séculaires de la pensée chrétienne. Qu'on n'aille pas rétorquer qu'un tel projet est une chimère, que la nature humaine reste stable au milieu de l'évolution sociale et enfin que le catholicisme correspond aux aspirations éternelles des hommes. Que savons-nous exactement de cette nature permanente de l'espèce ? Certes, de grandes directions ne paraissent pas bouger : l'aspiration vers la vie, le besoin d'amour par exemple. Mais, par ailleurs, l'histoire n'a-t-elle pas montré des différences énormes entre les lois et les morales ? Qu'on imagine l'anthropophagie en Afrique, le Hara Kiri au

Japon, le régime matriarcal dans certains endroits, le harem dans d'autres. Où trouver ces caractéristiques immuables dont on parle ?

Quand les catholiques, et avec eux les philosophes encore tout imprégnés des dogmes chrétiens se décrivent eux-mêmes comme formant le type humain définitif, ils nous trompent et ils se trompent. Ils considèrent l'aboutissement d'un système particulier de civilisation, système temporaire dans la vie de l'humanité et dont tout semble faire prévoir la terminaison rapide, pour un terme absolu indépassable. Rassurons-nous, la transformation des personnes n'est nullement terminée. Pour la hâter, la véritable action révolutionnaire doit s'attacher à provoquer à tout prix une évolution intérieure de l'homme. Qu'on ne compte pas trop qu'elle puisse se faire automatiquement sans l'effort d'une propagande incessante. Dans celle-ci, le problème de l'amour doit se situer au premier plan. Il reste question primordiale de notre inquiétude. Bien plus, à mesure que la vie deviendra plus facile, grâce à la machine et à une société moins anarchique, à mesure que le pain sera plus assuré, l'homme se retrouvera vis-à-vis de la femme plus inquiet d'amour.

Nous sommes armés maintenant pour calmer son angoisse et diriger son effort. Agissant suivant les observations que nous a permis l'exercice de la psychanalyse, il est possible de réconcilier les deux aspects de l'amour : le physique et le spirituel. Connaissant clairement les mécanismes de la sublimation, du transfert, du refoulement, connaissant d'autre part la psychophysiologie glandulaire, nous sommes en mesure de détruire le fossé artificiel creusé par l'Eglise entre l'âme et le corps, fossé qui, je l'ai dit, rend l'amour étranger à la vie réelle.

Et, puisque je cite une fois encore ici la méthode freudienne, qu'il me soit permis de la rappeler à la prudence. Quand les analystes, étudiant les démarches intérieures des bourgeois contemporains, décèlent un certain nombre de complexes toujours perceptibles, qu'ils veuillent se méfier qu'ils ont affaire à un homme déterminé, sorti du moule chrétien. Qu'ils n'en concluent pas trop vite, eux non plus, au caractère permanent du tableau qu'ils dressent de notre inconscient. Qu'ils prennent garde que, justement, grâce aux lumières issues de leurs travaux, un homme différent peut surgir et doit naître.

Cette remarque faite, je déclare que la première étape entreprise vers l'avenir se doit de supprimer l'existence d'un amour supernaturel, immatériel et divin. La présence du mythe christique doit être abolie. Le cadavre de Jésus doit cesser de s'interposer entre les hommes et les femmes. Le portrait de l'homme vivant, riche de son effort, conscient de sa puissance, doit remplacer celui du misérable condamné, de l'imparfait définitif que l'Eglise nous a présenté depuis des siècles. Les représentations illusoires d'une perfection céleste incontrôlable doivent céder le pas à des descriptions claires d'une réalité qui s'avère chaque jour plus pleine à condition de ne pas être reniée.

Si le rêve doit ainsi perdre de sa transcendance, il n'en sera que plus grand, il redeviendra notre affaire, puisque rien ne le déclarera plus impossible. Loin de s'en trouver affaiblie, l'activité mentale ne peut qu'être augmentée de ce transfert du ciel sur la terre. Mais, s'il est temps que l'imagination quitte ainsi son domaine des chimères célestes et retrouve sa place dans la vie quotidienne, il n'est pas moins urgent que les actes dits matériels soient transformés.

L'homme doit apprendre que les gestes de son amour ne sont ni insignifiants ni laids, ni défendus ni honteux. Il n'a plus à s'en cacher derrière une pudeur hypocrite. Il faut qu'il arrive à les considérer comme choses graves, sources de joie et de vie, justification de son être. Pas plus que notre cerveau, notre sexe n'est une honte de notre personne ; il en est sa plus réelle signification.

De même que la foi ne peut plus être séparée de l'assurance scientifique, la poésie n'accepte plus d'être reléguée loin de la réalité. Il appartient aux poètes de cesser leur jeu dangereux du sentimentalisme dans les nuées. Nous leur demandons de revaloriser nos corps dépréciés, nos caresses profanées. Nous attendons d'eux l'étude et l'agrandissement du réel, non sa condamnation. Par voie de conséquence, l'érotisme, forme pauvre de la bestialité bourgeoise et cléricale, doit être sévèrement proscrit.

Ainsi, destruction du tabou qui pèse sur les sexes, destruction des chaînes qui maintiennent la femme en infériorité ; destruction de l'autorité despotique du mâle. Union d'êtres libérés dans un amour optimiste et créateur, amour difficile toujours mais déclaré enfin compatible avec notre vie. Voilà les grands traits du programme à entreprendre. Il n'y a là nulle utopie.

On comprend que si le monde veut se survivre, la société doit être rebâtie, la famille et le couple ne peuvent subsister dans leurs formes actuelles. D'ailleurs, cette évolution se prépare malgré les obstacles que l'on oppose sur son chemin. L'humanité n'a pas le choix. Devant la somme de misères auxquelles ont abouti les derniers siècles de christianisme dans son divorce avec la réalité sociale et humaine, les hommes ne peuvent que vouloir vivre, en rejetant cet enseignement de malheur, ou périr en restant accrochés à leur cher pessimisme destructeur.

L'exemple de Thérèse, qui m'a servi de témoignage du drame affectif contemporain, est caractéristique à cet égard. Nous y avons vu la doctrine catholique l'entraîner sans rémission vers la mort. Aux yeux des chrétiens, cette fille est symbole de pureté et d'amour ; aux miens et à tous ceux des hommes qui veulent réfléchir, elle schématise l'ensemble des dégâts que peut provoquer dans l'organisme affaibli d'une jeune fille l'action cléricale conjointe à la férocité bourgeoise. Que la douleur de cette victime de la mauvaise conscience serve au moins d'épouvantail pour les générations à venir et non de sujet d'admiration mystique ! On comprend comment l'étude de cette vie ne pouvait se prêter à une simple analyse psychologique quelle qu'en soit l'intérêt, mais devait amener à une critique sociale agressive et à la proposition de nouvelles règles de vie.

Dès maintenant, je supplie les hommes enfermés douloureusement dans les difficultés de leurs expériences particulières de réfléchir. Je ne pense pas qu'ils pourront du premier coup se libérer de leurs anciennes conceptions du monde. Etre moniste, c'est-à-dire retrouver en soi la profonde unité, savoir se joindre à l'ambiance sans s'y perdre est œuvre difficile. Mais que les plus avertis tentent d'abolir en eux les barrières entre le rêve et le réel, entre l'abstrait et le concret, entre l'image et l'objet, entre l'amour de leur chair et les mythes qu'ils ont acceptés. Cessez d'opter sans raison valable pour la matière sans espoir comme leur demandent les matérialistes attardés ou pour une spiritualité illusoire en suivant les conseils des religions chrétiennes. N'essayez pas un compromis où tant d'autres ont échoué. Dirigez-vous, au contraire, vers l'unité de votre être. Soyez apôtre d'un amour difficile mais toujours possible, qui modèle des formes de vie plus large et qui soit la réelle assurance du progrès individuel contre la mort.

*Éternel
voleur
des énergies...*

Le merveilleux est toujours en lutte contre le banal, et le banal c'est aussi bien le mensonge, l'environnement, l'avant-garde que le travail, la constestation, les colonels, la sentimentalité, les militants, la rhétorique, les femmes libérées... L'étude du cas Thérèse de Lisieux par Pierre Mabille offre l'avange considérable de mettre en lumière à quelles sources idéologiques se nourrit le banal, c'est-à-dire tout ce qui en Occident favorise ou entretient la misère de l'individu, condamné à vivre depuis deux mille ans le meilleur de sa vie dans un ailleurs, sacré ou profane, irréconciliable avec la réalité de son existence. Quand on sait le lieu d'où parle Pierre Mabille, miser comme il le fait sur le merveilleux de l'amour humain pour combattre la sordide banalité de l'amour divin et de son infiltration catastrophique dans notre pensée et dans notre sensibilité, devient une proposition concrète : « Pour moi comme pour les réalistes du Moyen Age, aucune différence fondamentale n'existe entre les éléments de la pensée et les phénomènes du monde, entre le visible et le compréhensible, entre le perceptible et l'imaginable. » Ce désir de comprendre le monde dans sa totalité ne relève en rien chez Pierre Mabille de la spéculation pure, il est lié à une constante préoccupation politique sur laquelle il s'est lui-même expliqué (1938) :

« D'une famille fraîchement issue de la paysannerie, petit bourgeois intellectuel par l'éducation, la profession et le milieu, associé au prolétariat par des contacts incessants, par une communauté d'espoirs et d'intérêts, j'ai vécu dans

la France de la guerre et de l'après-guerre, subissant assez cruellement les crises successives. Ayant reçu comme beaucoup, hélas, l'enseignement classique national, j'ai pu échapper à cette emprise par un long contact avec les hermétistes anciens et par des recherches très diverses, en particulier archéologiques. Depuis le plus jeune âge, je me suis trouvé lié à l'avant-garde révolutionnaire. Telles sont les composantes principales de mon existence.

« Incapable dès l'enfance d'une adaptation vraie aux règles sociales, toujours en rébellion obscure contre elles, j'ai trouvé de plus en plus de raisons de refuser à m'associer. L'évolution récente, avec les échecs des mouvements révolutionnaires, avec la perte de l'espoir en un avenir rapproché satisfaisant a augmenté ma désolidarisation. Sans essayer de faire une véritable psychanalyse de mes recherches, il ne paraît pas douteux que mon goût de la connaissance ne soit lié à l'abandon de l'action collective immédiate décevante. L'échec conduit les lâches à la soumission, les autres à la réflexion.

« Ma volonté de transformer le monde — base du sentiment révolutionnaire — demeure et s'accroît, mais elle s'est orientée vers des objectifs plus vastes et plus lointains. »

Que cet homme — ennemi définitif de toute inflation, peut-être par suite de ses activités scientifiques (médecine, psychologie, ethnologie, anthropologie...) et pour qui « la prudence des anciens hermétistes opposée au désir moderne de tout dire, même ce que l'on ne sait pas, se justifie chaque jour davantage » — dénonce si clairement les causes du « drame contemporain de l'amour », voilà qui invite le lecteur à passer au crible les multiples modes d'emploi des « machines désirantes » qu'on nous propose aujourd'hui.

« Le cadavre de Jésus doit cesser de s'interposer entre les hommes et les femmes. » *Au moment où les femmes européennes, après leurs sœurs américaines, réclament le droit au travail avec la même allégresse stupéfiante que le droit au plaisir, au moment où l'avant-garde de la réflexion occidentale s'épuise à cerner un désir de plus en plus abstrait qui a d'ailleurs ces derniers temps beaucoup de mal à rivaliser avec une jouissance non moins abstraite, rappeler l'existence de ce fameux cadavre risque de provoquer quelque gêne. A quoi tiendrait donc cette gêne ? Au simple fait que le cadavre a été escamoté.*

Je m'explique.

Thérèse de Lisieux *paraît pratiquement en même temps que la célèbre étude de Denis de Rougemont sur* l'Amour et l'Occident. *Curieusement, les deux ouvrages, pourtant bien différents par leur ton et leur démarche, arrivent à la même constatation que pour l'Occidental : « Il n'y a pas d'amour heureux », comme s'est plu à le proclamer avec délectation notre spécialiste national de la soumission. Moins catégorique que Mabille, parce que sans doute plus sensible que lui au charme culturel du mythe de l'amour malheureux, Denis de Rougemont laisse supposer que l'épée qui sépare Tristan et Yseut est aussi une représentation du cadavre de Jésus. Autrement dit, l'éventualité d'un au-delà a contaminé la réalité de l'amour ; il y aurait un au-delà de l'amour qui scintillerait de toute son irréalité pour mieux assombrir, à chaque fois, la tentative passionnée de deux individualités de vivre ensemble. L' « élargissement » des mœurs, obéissant plus aux lois du capital qu'à un mouvement émancipateur, est loin d'avoir renversé cet état de choses ; il l'a renforcé, favorisant en profondeur un plus grand éloignement des corps et du cœur. Tant et si bien que pour la majorité, l'amour est devenu une vieillerie, comme le lyrisme, comme la morale. Pour éviter de voir sous les défroques démodées du rigorisme sexuel le cadavre pourrissant de Jésus, il devient plus gratifiant de s'interroger sur le désir, sur la jouissance plutôt que sur l'amour. Ne s'agit-il pas là d'une dernière ruse du même cadavre qui aurait ainsi réussi à séparer plus encore la femme et l'homme, en les rejetant dans la solitude de leurs pulsions, en deçà de leur quête commune ? Si l'on se plaît aujourd'hui à constater que le roi est nu, c'est pour mieux se dissimuler qu'il est seul et retarder par là le moment de mettre fin à cette conception carcérale de l'individualité, renforcée au cours de l'histoire occidentale par l'action conjuguée des pouvoirs spirituels et temporels. Le goût du malheur entraîne facilement la pensée vers l'au-delà de l'abstraction, alors qu'elle pourrait commencer à voyager vraiment à partir de la réalité des chemins de l'attraction passionnée. La simplicité du propos de Pierre Mabille arrive comme un pavé dans la mare miroitante des subtilités de ce masochisme dominant. Car enfin par quelle opération de l'esprit ou du Saint-Esprit, la sensibilité et la réflexion contemporaines auraient-elles pu définitivement échapper aux séquelles du dualisme chrétien dont toute notre civilisation est encore tributaire et a fortiori dans le domaine obscurci pendant des siècles des rapports de la femme et de l'homme ?*

« On a trop répété que les faits religieux n'avaient plus de portée sociale, que c'étaient là

opinions personnelles sans importance. L'obser-vation la plus superficielle montre le contraire. Partout dans le monde, des courants mystiques se créent : ici pour renforcer le christianisme, ailleurs dans d'autres directions. » Cette consta-tation me paraît aussi fondée aujourd'hui qu'en 1937. La gigantesque offensive du banal auquel nous assistons depuis la fin de la dernière guerre par suite des faillites successives de l'espoir révolutionnaire, prend des proportions chaque jour plus inquiétantes compte tenu de l'impor-tance de la partie qui se joue : la longueur de l'agonie de l'idéologie chrétienne dépend très directement du temps durant lequel la pensée révolutionnaire restera dans l'impasse où elle se trouve actuellement, vraisemblablement faute d'avoir systématiquement négligé la réalité inté-rieure de l'individu. Qu'on me comprenne, je n'oppose pas cette réalité intérieure à celle du jeu des forces sociales, économiques, il s'agit de la même réalité ; la surestimation de l'un ou l'autre de ces aspects conduit aux mêmes cala-mités.

Je ne me prononcerai pas sur le rôle effectif de l'Eglise au cours de dix dernières années dans la consternante recherche de grandes commu-nautés sensibles, à tendances mystiques ou non. Je sais seulement que perdant du terrain sur le plan politique manifeste, comme c'est le cas, celle-ci n'a encore jamais désarmé, d'autant plus qu'à elle s'ouvre, encore et toujours, le champ du sensible catastrophiquement dédaigné par les idéologies qui prétendent abattre sa puissance. Par un contrecoup inévitable, celles-ci, dans de tels moments de dépression collective, ne recru-tent que des dévots. Une fois de plus, l'individu — ramené à la fatalité chrétienne de sa solitude, de son aliénation du monde réel que par ailleurs les conditions sociales et économiques se char-

gent bien de renforcer — cherche à s'oublier en tant que tel dans un fidéisme accablant, même et surtout à l'égard de courants de pensée ayant pour lui d'autant plus d'attrait comme solutions de rechange qu'ils sont en plus grande discordance avec la réalité de sa situation. La vogue des solutions sensibles et politiques de type exotique (hippisme, maoïsme, hindouisme, guévarisme, néo-christianisme) obéit à ce mécanisme. La variété des « divertissements » est pourtant infinie, puisque tout peut dès lors devenir prétexte à la banalité de la dévotion, même ce qui par principe cherche à la débusquer du cœur des hommes : je pense au récent intérêt moutonnier pour le surréalisme, l'anarchie... Mais ce n'est vraisemblablement pas par hasard que depuis quelques années la multiplicité de ces « divertissements » tend à converger vers le domaine érotique. Champ de bataille inconscient où le banal, qui a toujours partie liée avec le pouvoir, tente de faire oublier que la « vraie vie » est quand même possible ici et maintenant. Remarquons en passant que le degré de séduction immédiate de ces « divertissements » décroît à mesure que l'on monte dans l'échelle sociale. La palme de la désespérance revient toujours à l'intelligentsia en place qui peut se permettre de noircir le tableau dans la très exacte mesure où l'exercice de la mauvaise conscience est garant de son statut social. Le « faites l'amour et non la guerre » inscrit sur les badges et les blue-jeans est à première vue plus réconfortant que les Eden Eden Eden des spécialistes mondains de la pornographie. En réalité, ici et là, la même indifférenciation des corps est de mise, tendant à empêcher par la technique du gavage l'esquisse d'un refus. Les hommes et les femmes nous passent entre les mains comme les objets. On ne quitte pas plus ceux-là qu'on ne jette ceux-ci.

Le temps s'engouffre dans le vide de leur sillage morne que les automatismes d'un désir toujours berné ne parviennent pas à masquer. Toute réflexion qui entend décrire la réalité en s'attachant seulement à suivre les détours du désir et à déprécier la durée au nom d'une très hypothétique fête orgastique témoigne complaisamment de cette misère. L'entretenant obscurément, elle accule les femmes et les hommes à la banalité de leur soumission aux conditions érotiques qu'on veut bien leur accorder. Si autour de la notion de désir viennent aujourd'hui converger toutes les incertitudes réelles de notre pensée, son indétermination favorise aussi toutes les escroqueries. Mais l'insatisfaction fondamentale du désir exige d'autres horizons que les fêtes qu'on nous propose : ceux-ci se déploient sur la durée de notre désespoir comme des solutions entrevues dans le rêve. Et je ne m'étonne pas qu'au cours de l'oscillation entre le mirage des communautés sensibles fabriquées de toutes pièces et la désespérante représentation d'une solitude insurmontable, tout se passe comme si on avait oublié la solution amoureuse.

L'actuelle suspicion à l'égard de l'amour est aussi l'aboutissement de vingt siècles où les plus répugnantes fadaises l'ont disputé aux plus ténébreux mensonges. Je ne veux pas dire que l'Occident soit le lieu privilégié du malheur amoureux, alors qu'aujourd'hui dans certaines contrées l'excision du clitoris est encore dans l'ordre des choses. Mais « nous sommes en étude passionnelle des commençants » (Fourier) quand l'Eglise a réussi à tuer dans le mariage la plus simple des associations amoureuses : celle de la femme et de l'homme. A Pierre Mabille revient le mérite incomparable d'avoir analysé une fois pour toutes le poison employé. Il est un des très rares voyants grâce auxquels nous pouvons aujourd'hui envisager « un nouveau monde amoureux où tout sera pour nous aussi surprenant, aussi neuf que le furent les végétaux de l'Amérique pour les premiers qui y abordèrent » (Fourier).

De ce nouveau continent, je sais déjà que :

1. Première véritable désertion de la vallée des larmes et du « troupeau de Jésus », l'amour n'est pas un état, encore moins un état de grâce, mais un long processus qui change l'ordre naturel.

2. L'amour n'est pas le mélange de deux individualités, il en est le composé au sens chimique du terme.

3. La complémentarité des deux parties de l'androgyne ne préexiste pas à leur rencontre, elle se crée lentement et en profondeur.

4. La formation harmonique de cette nouvelle réalité est directement liée à l'exaltation des différences.

5. L'un permettant à l'autre de s'affirmer dans sa plus grande singularité, l'un et l'autre accèdent à la liberté d'oublier le nous, d'oublier le moi, pour devenir conducteurs et isolants d'une énergie anonyme.

6. Au plus loin de toute sentimentalité, l'amour se fait réellement lorsque « les organes mentaux » deviennent « les parties génitales du monde ».

L'unique stirnerien n'a rien à perdre à l'abandon de ses machineries célibataires ; seul, il ne sera jamais tout à fait unique.

Radovan Ivsic
(juin 1975).

Pour découvrir Pierre Mabille

Né à Reims, le 3 août 1904. Mort en 1952.

Interne des Hôpitaux de Paris en 1924. Chef de clinique à la Faculté de médecine de Paris (1929-1931). Chirurgien assistant des Hôpitaux de Paris (1939-1940). Médecin-chef et chirurgien de l'hôpital français de Port-au-Prince (Haïti). Professeur à l'Institut français de Mexico. Attaché culturel de la Légation de France en Haïti (1945-1946). Secrétaire général et fondateur de la Société de morpho-physiologie humaine. Professeur à l'Ecole d'anthropologie (1949-1952).

Outre les nombreuses publications médicales auxquelles il attache son nom, Pierre Mabille fait paraître : *La construction de l'homme* (1936) ; *Thérèse de Lisieux* (1937) ; *Egregores ou la Vie des Civilisations* (1938) ; *La Conscience lumineuse* (1938) ; *Le Miroir du merveilleux* (1940) ; *Le Merveilleux* (1946) ; *Initiation à la Connaissance de l'Homme* (1949); *Technique du Test du Village* (1950) ; *L'individualité humaine* (1950).

Pierre Mabille participe enfin à la rédaction de nombreuses revues dont « Le Minotaure » (*Préface à l'éloge des préjugés populaires*), « La Flèche » (*Dès aujourd'hui, commençons le sauvetage des jeunes*), « VVV » (*Le Paradis*), « Hémisphère » (*Neuf par 4 et 5*), « Cahiers d'Art » (*Surréalisme et Vaudou*), « Fontaine » (*A propos de « En bas » de Leonora Carrington*), « Eléments » (*Jean Hélion et l'homme quotidien*), etc.